Die

Zolltrennung Österreich-Ungarns

in ihren mutmaßlichen Rückwirkungen auf die deutsch-österreichisch-ungarischen Handelsbeziehungen.

Von

Dr. jur. Eduard Michelis,
Wiesbaden.

(Sonderabdruck aus Schmollers Jahrbuch, N. F. Band XXXII, Heft 2.)

Leipzig,
Verlag von Duncker & Humblot.
1908.

Alle Rechte vorbehalten.

Pierersche Hofbuchdruckerei Stephan Geibel & Co. in Altenburg.

Inhaltsverzeichnis.

Abschnitt I.
Die staatsrechtliche Seite des Zollbundverhältnisses Österreichs und Ungarns seit 1867 bis zur Gegenwart. — Der Ausgleich vom 6. Oktober 1907 und das handelspolitische Interesse, welches Deutschland an diesem Ausgleich zu nehmen hat .... Seite 5—9

Abschnitt II.
Die handelspolitische Gesamtlage Österreichs und Ungarns in der Zeit von 1867—1906. Die Lebenselemente des Gedankens einer Zolltrennung Österreich-Ungarns. .... 9—15

Abschnitt III.
Die mutmaßlichen Einwirkungen der Zolltrennung auf den industriellen Güteraustausch zwischen Deutschland und Österreich-Ungarn ... 15—31

Abschnitt IV.
Die entsprechenden Rückwirkungen auf den landwirtschaftlichen Export Österreich-Ungarns, speziell Ungarns nach Deutschland ..... 31—52

Abschnitt V.
Unterscheidung der Rückwirkungen einer vollen und teilweisen Zolltrennung Österreich-Ungarns. — Schlußfolgerungen zugunsten der Aufrechterhaltung des gemeinsamen österreichisch-ungarischen Zollgebietes sowohl im Interesse ruhiger Fortentwicklung der deutschösterreichischen wie der deutsch-ungarischen Handelsbeziehungen als auch aus weltwirtschaftlichen Gründen .... 52—67

Abschnitt I.

Nach der Wiederherstellung des selbständigen Königreichs Ungarn im Jahre 1867 wurde das handelspolitische Verhältnis zwischen Österreich und Ungarn durch das Ende desselben Jahres geschlossne Zoll- und Handelsbündnis geregelt.

Im Art. I dieses Vertrages wird die Einheit des Zoll- und Handelsgebietes vereinbart. Die übrigen Artikel enthalten Bestimmungen, die den Zolltarif, Handelsverträge, Eisenbahnwesen, Hafen- und Seesanitätsverwaltung, die indirekten Steuern, Maß- und Gewichtswesen, Patent-, Markenschutz, Viehverkehr usw. betreffen.

Dieses Zoll- und Handelsbündnis stellte somit den Rahmen dar, innerhalb dessen die gleichmäßige legislatorische und administrative Behandlung der wichtigsten wirtschaftlichen Angelegenheiten sich zu bewegen hatte. Nebenbei bemerkt ist der Zoll- und Handelsbündnisvertrag weder eine speziell österreichische noch eine ungarische Schöpfung, sondern sozusagen ein Import des ehemals sächsischen Ministers Beust, eine Nachbildung der Zollvereinsverträge. Mit diesem Bündnis Hand in Hand und zugleich als Konsequenz des Bündnisses selbst gehn eine Reihe von Spezialübereinkünften für jene Fragen, welche einer besondern Reglung bedürfen: Zolltarif, indirekte Steuern, Münzwesen usw. Der Komplex aller dieser volkswirtschaftlichen Vorlagen bildet zusammen den sogenannten „Ausgleich" zwischen Österreich und Ungarn, über welchen der ursprünglichen Vereinbarung gemäß alle zehn Jahre im Wege der beiderseitigen Gesetzgebung zu entscheiden war.

Im Jahre 1878 und 1887 kam ein neuer Ausgleich und hiermit auch eine Erneurung des Zollbündnisses zustande. Die Erneurungsverhandlungen im Jahre 1896 und die folgende Zeit führten zu keinem endgültigen Resultat. Kommt keine Einigung zustande, so haben beide Staaten ein selbständiges Verfügungsrecht. Von letzterm haben beide Staaten Gebrauch gemacht. Das Zollbündnis bestand seit 1899 zwischen beiden Staaten auf Grund einseitiger provisorischer Reglungen; es bestand ein einseitiges Reziprozitätsverhältnis, dessen Dauer vorläufig nur bis Ende 1907 sichergestellt war. Natürlich hatte der Bestand der Einheit des Zollgebietes auf Grund eines bloßen Reziprozitätsverhältnisses sowohl für Österreich wie für Ungarn wie für dritte Staaten, die auf Stabilität der Handelsbeziehungen mit Österreich-Ungarn angewiesen sind, seine großen Bedenken. Der Auslegungsfreiheit über den Begriff der Reziprozität eröffnete sich ein großer Spielraum, Österreich wie Ungarn konnten jederzeit einen Bruch der Reziprozität konstatieren und hiermit das Recht für sich in Anspruch nehmen, die Zollschranke zu errichten.

Tatsächlich erschien allerdings die Zolleinheit bis Ablauf der inzwischen seitens Österreich-Ungarns vereinbarten Handelsverträge, also bis 1915 bezw. 1917, gesichert, da dieselben auf Basis der Einheit des Zollgebietes abgeschlossen waren; dies gilt insbesondre auch von dem Handelsvertrage mit dem Deutschen Reich. Es kann nicht zweifelhaft sein, daß die Errichtung einer Zollschranke zwischen Österreich und Ungarn vor dem Ablauftermin des Handelsvertrages einen Bruch desselben bedeutet hätte, und es ist nicht anzunehmen, daß eine verantwortliche Stelle in Ungarn oder in Österreich das Risiko eines Bruches auf sich genommen hätte. Ein einfacher Neuabschluß desselben Vertrages seitens des Deutschen Reiches mit den zollgetrennten Staaten Österreich und Ungarn wäre aus verschiedenen sachlichen Gründen, die im Laufe der nachfolgenden Untersuchungen in die Erscheinung treten, auch nicht in Frage gekommen.

Alles in allem bestand ein recht unsichres handelspolitisches Verhältnis zwischen Österreich und Ungarn, das in politische Komplikationen hineingezogen auch nach außen hin sehr bedenkliche handelspolitische Konsequenzen hätte haben können. Auch das deutsche Interesse durfte daher das Zustandekommen eines Ausgleiches zwischen der österreichischen und ungarischen Regierung vom 6. Oktober 1907 begrüßen, welches unter anderm den Fortbestand des gegenseitig freien Verkehrs bis zum Ablauf der Handelsverträge auf vertragliche Grundlage stellt. Anderseits will uns scheinen, daß durch die auf das Zollbündnis bezüglichen Vereinbarungen wesentlichen Veränderungen in dem bisherigen handelspolitischen Verhältnis Österreichs zu Ungarn einerseits und dritten Staaten, namentlich Deutschland anderseits, zumindest die Wege geebnet werden.

Der im Ausgleich zustande gekommene Vertrag betreffend die Reglung der wechselseitigen Handels- und Verkehrsbeziehungen bedeutet zwar seinem Wesen nach mit der Aufrechterhaltung des freien gegenseitigen Verkehrs und der einheitlichen Zollinie nach außen eine Fortsetzung des bisherigen Handels- und Zollbündnisses. Die staatsrechtliche Gestaltung des Vertrages steht in Übereinstimmung mit der Gesetzgebung vom Jahre 1867 und bringt, wie es im allgemeinen Teil des Motivenberichtes heißt, den Charakter der getroffnen Vereinbarungen als vertragsmäßige Bindungen des an sich selbständigen Verfügungsrechtes zum Ausdruck. Äußerlich wäre also keine wesentliche Veränderung des bisherigen Zollbündnisses wahrnehmbar, welche auf dritte Staaten zurückwirken könnte. Dennoch ist es für die Zukunft der Fall, weil der Zeitablauf des neuen Vertragsverhältnisses mit dem Zeitablauf der Handelsverträge in Verbindung gesetzt wird, während die bisherigen Gültigkeitsfristen der Verträge zwischen Österreich und Ungarn einerseits und dem Zollausland anderseits ganz selbständig liefen.

Ungarn hat hierdurch erreicht, daß es in Zukunft nicht mehr, wie seit dem 1. März 1906, durch die Rücksicht auf bestehnde Handelsverträge in seiner freien Bewegung in bezug auf das Ausgleichverhältnis zu Österreich gebunden werden kann. Bekanntlich verfügte schon der ungarische Gesetzartikel XXX des Jahres 1899 mit der Tendenz, den Ablauf des Ausgleichs mit dem Ablauf der Handelsverträge mit dritten Staaten in Beziehung zu setzen, daß Handelsverträge mit auswärtigen Staaten nicht über das Jahr 1907 abgeschlossen werden dürfen. Dieses ungarische Gesetz wurde gelegentlich des Abschlusses des Handelsvertrages mit Deutschland, welches sich, gleichzeitig in Übereinstimmung mit Österreich, natürlich nicht auf einen so kurzfristigen Handelsvertrag einlassen konnte, ignoriert, indem die Gültigkeit des Handelsvertrages mit Deutschland bis 1915 bezw. 1917 vereinbart wurde.

Der Wiederkehr einer derartigen, aus wirtschaftlicher Zwangslage erklärlichen, mit der staatsrechtlichen Selbständigkeit Ungarns allerdings im Widerspruch stehnden Situation ist nun ein Riegel vorgeschoben worden, vielleicht weniger nachhaltig durch die Bestimmung im Schlußprotokoll zu Art. 3 des neuen Vertrages, daß in Zukunft neue Handelsverträge durch den gemeinsamen Minister des Äußern und durch je einen Vertreter der beiden Regierungen gefertigt werden, als durch die Verpflichtung, welche nun auch Österreich gegenüber Ungarn eingegangen ist.

Das Schlußprotokoll zu Art. 4 enthält die wichtige Vereinbarung, daß beide Staaten von dem in den Handelsverträgen mit dem Deutschen Reiche, Belgien, Italien, Rußland und der Schweiz seinerzeit vorgesehenen Rechte der Kündigung auf den 31. Dezember 1915 einseitig keinen Gebrauch machen. Über diesen Zeitpunkt hinaus können also beide Staaten einseitig die Kündigung bewirken, und der gemeinsame Minister des Äußern ist gemäß Art. 4 verpflichtet, die Kündigung auf einseitiges Verlangen vorzunehmen, sobald nicht innerhalb einer Frist von sechs Monaten eine Einigung zwischen Österreich und Ungarn zustande kommt. Gleichzeitig wurde im Art. 4 die weitere Vereinbarung getroffen: „Sollte einer dieser Handelsverträge von seiten des betreffenden Staates auf den 31. Dezember 1915 gekündigt werden, so sollen die Handels- und Verkehrsbeziehungen mit diesem Staate, jedoch nur für die Zeit bis zum 31. Dezember 1917, geregelt werden." Schon diese Bestimmung kann sich also für den Fall, daß das Deutsche Reich den Handelsvertrag auf den 31. Dezember 1915 kündigt, für die Reglung der Handelsbeziehungen zu dem Deutschen Reiche als eine lästige Schranke erweisen. Vor allem aber dürfte es bedenklich erscheinen, wenn die künftige Reglung abhängig gemacht ist von der vollen gleichberechtigten Zustimmung Ungarns, wenn diese wieder in Beziehung stehn soll zu den Interessen, welche Ungarn im Verhältnis zu Österreich geltend zu machen wünscht.

Die handelspolitischen Interessen Österreichs und Ungarns sind dem Zollauslande gegenüber nicht entfernt gleichwertig, sondern der Schwerpunkt dieser Interessen liegt überall in Österreich. Von dem gesamten Handelsverkehr Österreichs liegen 64,7 % — durchschnittlich 1901/05 — im Zollauslande. Österreich ist an der Einfuhr des österreichisch-ungarischen Zollgebietes durchschnittlich 1901/05 mit 85,5 %, d. h. 1,9 Milliarden K, an der Ausfuhr mit 84 %, d. h. mit 1,8 Milliarden K beteiligt. Auf Ungarn entfällt in der Einfuhr nur ein direkter Anteil von 15,5 %, in der Ausfuhr von 16 %.

Im Vergleich zu seiner Beteiligung am Verkehr mit dritten Staaten gewinnt also Ungarn eine unverhältnismäßig starke Einflußnahme auf die Reglung dieser Handelsbeziehungen, wenn es die Macht hat, seine Zwischenverkehrsinteressen auszuspielen; denn von dem Hinausschieben der Reglung der Beziehungen zu dritten Staaten wird es erheblich weniger nachteilig berührt als Österreich. Von Ungarns gesamtem Außenhandelsverkehr liegen nur etwa 25 % (durchschnittlich 1901/05) im Zollausland. Von der Einfuhr des österreichisch-ungarischen Zollgebietes aus Deutschland — durchschnittlich 1901/05 im Werte von 709 Millionen K — entfällt nur $1/10$ auf Ungarn, $9/10$ auf Österreich. Ähnlich ist das Anteilverhältnis in bezug auf die Ausfuhr. Österreich stellte von der durchschnittlich 1901/05 auf 964 Millionen K bewerteten Ausfuhr nach Deutschland etwa $6/7$, Ungarn etwa $1/7$.

Es muß zweifelhaft erscheinen, ob eine Zollunion, die ihre handelspolitischen Beziehungen zum Zollausland nicht ausschließlich nach den Rücksichten dirigieren kann, die sich aus diesen Beziehungen selbst ergeben, sondern materiell und zeitlich gebunden wird an Rücksichten heterogener Art, auf die Dauer gesunde nachbarliche Handelsbeziehungen entwickeln kann.

Man kann sich des Eindrucks nicht erwehren, daß auf diesem Wege der Zolltrennung Österreich-Ungarns bedenklich näher gerückt wird.

Abschnitt II.

Wenn eine so fundamentale Grundlage der volkswirtschaftlichen Entwicklung wie die durch Zollbündnis gesicherte Zolleinheit Österreichs und Ungarns allmählich verlassen zu werden scheint, so fragt man natürlich nach den Gründen und nach den Wirkungen. Da im folgenden nur die mutmaßlichen Rückwirkungen auf die deutsch-österreichisch-ungarischen Handelsbeziehungen untersucht werden sollen, so sei hier die Entwicklung des Zolltrennungsgedankens nur in Umrissen angedeutet.

Gegensätzliche handelspolitische Interessen konnten zwischen beiden Staaten so lange nicht von Bedeutung sein, als die Handelspolitik von freihändlerischen Grundsätzen beherrscht war. Dies war Mitte der sechziger Jahre der Fall. Bahnbrechend für diese Richtung war bekanntlich der englisch-französische Handelsvertrag vom Jahre 1860, der sog. Cobden-Vertrag, und im Jahre 1865 war der Zollverein der neuen Richtung gefolgt, nachdem der preußisch-französische Vertrag vom Jahre 1862 zur Annahme gelangt war. Österreich hat sich dem handelspolitischen Umschwung angeschlossen; indessen ist zur richtigen Würdigung dieses Vorganges im Auge zu behalten, daß Österreichs Verträge mit England, Frankreich, Italien, Belgien und Holland durch das sog. Sistierungsministerium Belcredi abgeschlossen wurden, d. h. zu einer Zeit, als infolge der Aufhebung der Verfassung das österreichische Parlament nicht in Wirksamkeit war.

Immerhin bestanden innerliche Gegensätze zwischen Österreich und Ungarn, indem die Schutzinteressen der österreichischen Industrie gegen die weit überlegne englische und zollvereinsländische Konkurrenz vorhanden waren, auch wenn sie sich in der Politik vorerst keine Geltung verschaffen konnten. Ungarn hingegen, damals noch fast ausschließlich Agrikulturstaat, hatte kein Interesse daran, durch höhere Industriezölle die Monopolstellung der österreichischen Industrie auf dem ungarischen Markt zu unterstützen. Es hätte dadurch unnötig seinen Bedarf an industriellen Produkten verteuert in einer Zeit, in der es selbst auf eine Monopolstellung auf österreichischem Markt noch nicht angewiesen war. Der große ungarische Export in Getreide, Mehl, Vieh, Wein war sowohl nach Österreich wie nach dritten Märkten gesichert. Ein großer Weltverkehr, welcher die Agrarkonkurrenz aus allen Welten heranwälzte, hatte sich noch nicht entwickelt; für die Agrarprodukte galt demgemäß auf den wichtigsten Absatzmärkten Zollfreiheit, und Seuchengefahren waren im allgemeinen noch unbekannt.

Sobald es aber der österreichischen Industrie gelang, ihren Schutzinteressen Nachdruck zu verleihn, mußten die gegensätzlichen handelspolitischen Interessen zwischen Österreich und Ungarn schärfer in die Erscheinung treten. Dies war schon der Fall gelegentlich der Verhandlungen in bezug auf den Handelsvertrag mit dem Zollverein, der an Stelle des durch den Krieg aufgelösten Vertrages vom 11. April 1865 abzuschließen war. Die österreichische Regierung verhielt sich ablehnend, die ungarische zustimmend zu den deutschen Fordrungen nach Ermäßigung der österreichisch-ungarischen Textilzölle. In akute Krisis kam das Handelsbündnis durch die Zuspitzung der Gegensätze in bezug auf die Nachtragskonvention mit England, in welcher gegen den größten Widerspruch des österreichischen Parlamentes England mäßige Textilzölle bewilligt wurden. Als die Erneuerung der Konvention im Jahre 1875 in Frage stand, schritt die österreichische Regierung unter dem Druck der Industriellen zur Kündigung. Die ungarische Regierung erklärte, daß im Falle der Nichterneurung der Konvention auch das Handelsbündnis als gekündigt zu betrachten sei. Tatsächlich folgte der Nichterneurung der Konvention der Bruch des Handelsbündnisses auf dem Fuße. Die veränderte allgemeine handelspolitische Lage führte beide Staaten alsbald wieder zusammen, indem sie nicht ohne Rücksicht auf die inzwischen ausgebrochnen orientalischen Wirren gezwungen wurden, sich auf den Zolltarif von 1878 bezw. auf die Tarifrevision von 1882 zu einigen.

Die kurz vor dem Ausgleich 1867 geschloffnen Verträge mit Frankreich, Italien, Schweiz usw., ebenso der Vertrag mit Deutschland liefen Mitte der siebziger Jahre ab. Keiner von den beteiligten Staaten wollte auf der bisherigen Basis erneuern. Man brauchte neues Rüstzeug zu den neuen Verhandlungen, die sich nunmehr in schutzzöllnerischer Richtung bewegten. Die Gründe des handelspolitischen Umschwungs sind teils staatsfinanzieller, teils wirtschaftlicher Natur. Die Staatsfinanzen des neugeeinten Deutschlands und Italiens brauchten Stärkung wie diejenigen des besiegten Frankreichs und des stark verschuldeten Österreichs. Die Gründe volkswirtschaftlicher Natur sind die wirklichen Schutzinteressen, zunächst der Industriellen, nach der großen Handelskrise, die 1874 durch den ganzen Kontinent ging. Die österreichischen und deutschen Textil- und Eisenindustriellen rufen nach Schutz. Beide Gruppen wollen den einheimischen Markt behaupten: die Österreicher gegen England und Deutschland, die Deutschen gegen den englischen und französischen Wettbewerb. Diesen Schutzzollbestrebungen kommt zu Hülfe der Ruf der deutschen Landwirtschaft nach Schutz gegen die überhandnehmende überseeische, insbesondre amerikanische Konkurrenz. Die französischen Landwirte wünschen Erhöhung der Zollsätze auf die wichtigsten italienischen Agrarprodukte: Wein, frisches Fleisch, Geflügel usw. Den Italienern hatte die Industrie-Enquete von 1874 eine Erhöhung der Zölle, namentlich auf bedeutende französische Fabrikate, Seidenwaren, Fayencen, Porzellan und Lederwaren nahe gelegt. Nur das reiche England blieb von dem handelspolitischen Umschwung unberührt. Seine übermächtige, von einem immensen Kolonialreich unterstützte Industrie stand ungefährdet da, so daß eventuell auch wichtige Interessen der englischen Landwirtschaft zurückstehen konnten.

Der Ausdruck der veränderten zoll- und handelspolitischen Richtung sind die in den meisten Ländern des Kontinents in der Mitte der siebziger Jahre zum Gesetz erhobnen autonomen Zolltarife mit erhöhten Finanzzöllen und systematisch ausgearbeiteten Schutzzöllen und die auf Grundlage dieser Tarife mit mehr oder weniger Schwierigkeit zustande gebrachten Handelsverträge.

Die Grundlagen, auf welchen das Zollbündnis zwischen Österreich und Ungarn sich im Jahre 1867 aufgebaut hatte, waren hiermit verschoben. Der österreichisch-ungarische Zolltarif von 1878, der erste allgemeine Zolltarif, welcher durch gemeinsames Einvernehmen zwischen Österreich und Ungarn zustande zu bringen war, sollte der veränderten Situation Rechnung tragen. Erscheinen hierbei noch wesentliche Gegensätze in bezug auf die Bemessung der Textilzölle, da Ungarn, welches selbst noch keine Textilindustrie zu schützen hatte, mit dem Ausschluß englischer Massenartikel nicht einverstanden war, so milberten sich diese Gegensätze sofort, als der deutsche Zolltarif vom 15. Juni 1879 mit erhöhten Industriezöllen auch Agrarzölle in die Erscheinung brachte. Der Ausdruck der Abschwächung der Gegensätze ist die Tarifrevision des Jahres 1882. Die Industriezölle wurden bei vielen Waren erhöht. Manche Forbrungen der Schafwollindustrie wurden erfüllt, erhöhte Zölle bei Seidenwaren, Leder und Lederwaren, Glas, Eisen und Eisenwaren, sowie auf Chemikalien eingestellt. Fast in allen Positionen ist der Gedanke verwirklicht, dem feinern Arbeitserzeugnis einen höhern Zollschutz zu gewähren, teils um eine gerechte Verteilung der Zollbelastung herbeizuführen, vor allem aber, um im Inlande zum gewerblichen Fortschritt anzuregen. Nebenbei bemerkt führte der Tarif die wichtige differenzielle Begünstigung des Seeverkehrs für die Einfuhr kolonialer Waren ein, wodurch der Zwischenhandel sich Triest und Fiume zuwendete, der sich bisher über Bremen, Hamburg und Holland bewegt hatte.

Im volkswirtschaftlichen Ausschuß des ungarischen Reichstages wurde anerkannt, daß der Schutz, welcher einzelnen österreichischen Industrien gewährt wurde, sich innerhalb der Grenzen der Erträglichkeit hielt und im nicht geringen Maße ausgeglichen wurde durch Vorteile, welche Ungarn erreichte. Der Referent zählte die Industriezweige, bei welchen auch die ungarische Industrie interessiert war, auf, vor allem Mehl und Mahlprodukte, Häute, Sohlenleder, Roheisen, Maschinen usw. Vor allem lag der Vorteil für Ungarn in den Zöllen auf Getreide und Vieh.

War der ungarische Motivenbericht 1878 noch sehr für Zollfreiheit des Getreides eingetreten mit Rücksicht auf den damals noch großen Exportüberschuß des gemeinsamen Zollgebietes, für Zollfreiheit auch im Interesse der Mühlen- und Spritindustrie, welche für ihren großen Export russischen Weizen, Mais brauchten, so trat jetzt Ungarn für den Getreidezoll gegen russisches und amerikanisches Getreide um so mehr ein, als angenommen wurde, daß größre Massen von Getreide, denen der Zugang nach Deutschland und Frankreich erschwert werde, auf das österreichisch-ungarische Zollgebiet zurückströmen. Das in dem 1882er Tarif zur Herrschaft gebrachte System des erhöhten Industrie- und Agrarschutzes hat in dem österreichisch-ungarischen Zollgesetz von 1887 eine weitere Ausgestaltung erfahren und ist auch in den Handelsverträgen der neunziger Jahre nicht verlassen worden, auch wenn dieselben ermäßigte Zollsätze in die Erscheinung bringen. Entsprechend den in allen größern Staaten des Kontinents aufgestellten Hochschutzzolltarifen, welche für die Erneuerung der 1890er Handelsverträge in erster Linie als Verhandlungsbasis gedacht waren, mit besondrer Schutztendenz gegen überseeische Staaten, hat im neusten österreichisch-ungarischen Zolltarif von 1903, in Kraft vom 1. März 1906, der Industrie- und Agrarschutz eine abermalige wesentliche Erhöhung erfahren. In den gleichfalls mit dem 1. März 1906 in Kraft gesetzten Zusatzverträgen zu den 1890er Handelsverträgen räumen sich die Vertragsstaaten zwar wieder erhebliche Ermäßigungen ein, aber im Verhältnis zu dem Inhalt der 1890er Verträge bedeuten die eingegangnen Verpflichtungen, im ganzen genommen, erhebliche gegenseitige Erschwerungen, wenn auch anderseits nicht zu verkennen ist, daß durch das gleichzeitig mit den Handelsverträgen in Kraft gesetzte Viehseuchenübereinkommen mit dem Deutschen Reich der Viehverkehr in einer für die österreichische und ungarische Landwirtschaft vorteilhaften Weise auf eine stabile Grundlage gestellt ist.

Wie sehr skizzenhaft auch die Entwicklung der handelspolitischen Gesamtlage Österreichs und Ungarns in der Zeit von 1867—1906 hiermit in die Erscheinung gebracht ist, soviel dürfte unwiderleglich dargetan sein, daß sich von Schritt zu Schritt in den wichtigsten zollpolitischen Verhandlungsangelegenheiten mit dem Zollauslande die Gegensätze zwischen Österreich und Ungarn gemildert haben, oder entgegenstehende Interessen wechselseitig ihren Ausgleich fanden. Mit gebundner Marschroute entwickelten Österreich und Ungarn ihre Volkswirtschaft unter vereinigtem Agrar- und Industrieschutz, auch das alleinstehende Zollgebiet Ungarn würde nicht mehr daran denken können, freihändlerische Grundsätze zu vertreten. Die Lebenselemente des Zolltrennungsgedankens sind nur noch zum geringsten Teil zu suchen in gegensätzlichen zollpolitischen Interessen gegenüber dem Zollauslande, sie liegen vielmehr im Verhältnis beider Staaten zu einander. Daß eine Zollinie gegenüber den ungarischen Importen, durchschnittlich 1904/05 an Getreide im Werte von 207 Millionen K, Mehl und an Mehlprodukten im Werte von 175 Millionen K, an Schlacht- und Zugvieh im Werte von 200 Millionen K der österreichischen Landwirtschaft und Mühlenindustrie von Vorteil wäre, läßt sich ebensowenig bezweifeln wie die Annahme, daß eine Zollinie gegenüber den österreichischen Importen der Baumwoll-, Schafwoll-, Leinen- und Jute-, Seiden- und Konfektionsindustrie im Werte von 450,8 Millionen K der ungarischen industriellen Entwicklung förderlich wäre.

Für die volkswirtschaftliche Rechtfertigung des Zolltrennungsgedankens ist aber entscheidend, ob und inwieweit der eine oder andre oder beide Staaten durch die Zolltrennung sowohl in bezug auf den wechselseitigen Güteraustausch wie in bezug auf ihr Verhältnis zu dritten Staaten auf die Dauer mehr an volkswirtschaftlichen Werten verlieren, als sie gewinnen. Alle maßgeblichen Beurteiler der volkswirtschaftlichen Verhältnisse Ungarns, welche die innre Entwicklung im Rahmen der Weltwirtschaft ohne politische Voreingenommenheit beobachteten, nicht vom einseitigen Interessenstandpunkt beurteilten und ihre Empfindungen trotz irregeleiteter öffentlicher Meinung auszusprechen wagten, haben bis in die neuste Zeit den Wert des freien Verkehrs mit Österreich unumwunden anerkannt. Schon im Jahre 1877, als sich die industriellen Schutzbestrebungen in Ungarn gegen die freie österreichische Konkurrenz besonders laut vernehmen ließen, beleuchtet ein ausführliches Exposé des ungarischen Ministeriums den außerordentlichen Wert des freien Verkehrs zwischen Österreich und Ungarn. An allen grundlegenden Erscheinungen des gesamten ungarischen Wirtschaftslebens wurde der rapide Aufschwung konstatiert, an dem enormen Aufblühn des Eisenbahn= und Donaudampfschiffverkehrs, an der gradezu sprunghaften Steigerung des ungarischen Exports, an den Fortschritten der allgemeinen Steigerung im Konsum, der Vermehrung der Spareinlagen, an den Fortschritten des industriellen Lebens, wenn auch das Kleingewerbe — wie in Österreich — nach mancher Richtung hin einen Niedergang zeigte. Es wurde besonders konstatiert, daß große Industrien, die in der Natur des Landes ihre stärkste Stütze hatten, einen besondern Aufschwung nahmen, daß andre bedeutende industrielle Etablissements nicht infolge der österreichischen Konkurrenz litten, sondern grade den besten Absatz in den österreichischen Ländern fanden. Die Kammgarnspinnerei setzte den größten Teil ihrer Gespinste in Österreich ab; die Flora=Kerzenfabrik fand in Galizien, Mähren, Schlesien und Böhmen gute Absatzplätze; die Salgo=Torjaner Eisenraffinerie=Gesellschaft pflegte ihre Erzeugnisse in Österreich zu verkaufen; die erste Chemikalienfabrik (Miramaras) hatte ihre besten Käufer in den böhmischen Industrieetablissements. Auch die neuste (1897—1900) mit besondrer Gründlichkeit vorgenommne große Enquete über die ungarische Industrie vervollständigt in Verbindung mit den jährlichen Industrieberichten das Bild des allgemeinen Aufschwungs, wenn auch noch die Entwicklung der Textilindustrie, der Maschinenindustrie und einiger andrer Zweige zu wünschen übrig läßt.

Wenn trotz alledem der Gedanke der Trennung in mehr oder weniger intensiver Form Gestaltung gewinnt, so ist diese Erscheinung also nicht dahin zu verstehn, daß sich vom Standpunkt der Frage der Zolleinheit in bezug auf das beiderseitige Verhältnis unüberbrückbare wirtschaftliche Gegensätze herausgebildet hätten, die in Zukunft an Schärfe gewinnen. Welchen hervorragenden Aufschwung auch die österreichische Industrie nimmt, Österreich ist Agrar- und Industriestaat und hat es zu bleiben, wenn nicht der gesamte volkswirtschaftliche und soziale Aufbau ins Wanken gebracht werden soll. Der Agrikulturstaat Ungarn gibt immer mehr die Einseitigkeit seines volkswirtschaftlichen Charakters auf und entwickelt mit Erfolg industrielles Leben. Große Entwicklungstendenzen im wirtschaftlichen Leben beider Staaten knüpfen immer mehr Beziehungen aller Art und schaffen in unaufhaltsamem Vorwärts solidarische und wechselseitige Interessen.

Die Entwicklung des Zolltrennungsgedankens ist also hauptsächlich zu beurteilen als eine Konzession an den Unabhängigkeitsgedanken in Ungarn, dem gegenüber die gesamte ungarische Landwirtschaft noch nicht ihre wahren wirtschaftlichen Interessen laut genug ins Feld führte, als eine Konzession an die Schutzinteressen derjenigen ungarischen Industriezweige, welche noch nicht den heimischen Markt beherrschen, noch nicht nach Österreich exportieren, anderseits als eine Konzession an die österreichische Landwirtschaft, welche, zum Teil in Revanche gegen die ungarische Unabhängigkeitsidee, die Schutzzollpolitik auf die ungarischen Importe ausgedehnt sehen will.

Abschnitt III.

Die Reglung der Handelsbeziehungen Österreich-Ungarns zu Deutschland einerseits und das wirtschaftspolitische Verhältnis Österreichs zu Ungarn anderseits haben von jeher die Entwicklung der tatsächlichen Handelsbeziehungen mehr oder weniger beeinflußt. Eine so einschneidende Veränderung wie die Zolltrennung würde also mit ihren direkten und indirekten Wirkungen in den Handelsverkehr mit Deutschland ohne Zweifel tief eingreifen. Deutschland ist von jeher der größte und sicherste Absatzmarkt, welcher in der Zeit von 1891—1905 mit 46—48 % an der Ausfuhr, mit 36—28 % an der Einfuhr Österreich-Ungarns beteiligt ist.

In dem mächtig entwickelten Außenhandel Deutschlands, der immer mehr die ganze Welt umspannt, wenn auch vorläufig Deutschlands gesamter Spezialhandel noch mit 70—65 % in Europa liegt, kann

Österreich-Ungarn natürlich relativ nicht die bedeutende Rolle spielen, wie Deutschland im österreichisch-ungarischen Außenhandel. Indessen steht die große Nachbarmonarchie von jeher im deutschen Außenhandel mit an erster Stelle. Österreich-Ungarn steht innerhalb der 15 Jahre 1890—1905 mit 14—12 % der deutschen Einfuhr in 7 Jahren vor England, in 8 Jahren vor Rußland und ist erst seit 1897 von den Vereinigten Staaten überholt.

1905 sind im Spezialhandel an der Einfuhr Deutschlands beteiligt:

Rußland . . . . . . mit 1090,8 Mill. Mk., d. h. 14,7 %
Vereinigte Staaten . = 1004,3 = = = = 13,5 =
Großbritannien . . . = 784,3 = = = = 10,5 =
Österreich-Ungarn . . = 773,2 = = = = 9,7 =

In erheblichem Abstande folgen Frankreich mit 5,5 %, Belgien 3,7 %, Niederlande 3,5 %, Italien 2,9 %, Schweiz 2,6 % usw.

In der deutschen Ausfuhr steht Österreich in der Zeit von 1890—97 hinter Großbritannien (20 %) und den Vereinigten Staaten (12—10,9 %) mit ca. 10 % an dritter, von 1897—1904 mit 11—10 % hinter Großbritannien an zweiter Stelle.

1905 empfingen von der Ausfuhr Deutschlands:

Großbritannien . . . . für 1057,8 Mill. Mk. = 18,1 %
Österreich-Ungarn . . . = 594,9 = = = 10,2 =
Vereinigte Staaten . . . = 543,0 = = = 9,3 =
Niederlande . . . . . . = 448,8 = = = 7,7 =
Schweiz . . . . . . = 369,8 = = = 6,3 =
Rußland . . . . . . = 368,4 = = = 6,3 =
Belgien . . . . . . = 312,5 = = = 5,4 =
Frankreich . . . . . = 243,5 = = = 5,0 =
Dänemark . . . . . . = 185,9 = = = 3,2 =
Italien . . . . . . = 175,4 = = = 3,0 =
Schweden . . . . . = 159,1 = = = 2,7 =
Argentinien . . . . . = 131,5 = = = 2,3 =

Stellen schon diese absoluten und relativen Zahlen den Wert des österreichischen Marktes für Deutschland ins rechte Licht, so ist dies noch mehr der Fall, wenn die Bilanz des Handelsverkehrs Deutschlands mit den genannten Staaten gezogen wird.

Nach umstehnder Übersicht überschüttet Rußland zuungunsten der deutschen Landwirtschaft den deutschen Markt, während die Ausfuhr an deutschen Industrieprodukten nach Rußland gradezu stagniert. Im Verhältnis zu den Vereinigten Staaten ist ja die Handelsbilanz auch andauernd mit $1/2$ Milliarde Mk. passiv, aber diese Passivität erscheint nicht so bedenklich wie gegenüber Rußland; denn sie ist vorzugsweise herbeigeführt durch den Bedarf der deutschen Industrie an unentbehrlichen Rohmaterialien (durchschnittlich 1900—1905: Baumwolle 274, Kupfer 94,1 Mill. Mk.).

Wert in Millionen Mark:

— = Mehreinfuhr. + = Mehrausfuhr.

	1905	1904	1903	1902	1901	1900	1899	1898
Einfuhr aus Rußland	1090,8	818,7	826,3	760,4	716,2	716,5	701,7	727,1
Ausfuhr nach "	368,4	315,3	378,6	343,7	318,4	324,9	396,6	409,6
	— 742,4	— 503,4	— 447,7	— 416,7	— 397,8	— 391,6	— 305,1	— 317,5
Einfuhr aus Großbritannien	784,3	961,5	833,5	610,6	657,8	840,7	777,1	825,7
Ausfuhr nach "	1057,8	995,1	987,7	965,5	916,4	912,2	851,6	803,8
	+ 273,5	+ 33,6	+ 154,2	+ 354,9	+ 258,6	+ 71,5	+ 74,5	— 21,9
Einfuhr aus Vereinigten Staaten	1004,3	943,8	943,4	911,1	1042,1	1020,8	907,2	877,2
Ausfuhr nach "	543,3	495,0	469,2	449,2	385,8	439,6	377,6	334,6
	— 461,3	— 448,8	— 474,2	— 461,9	— 657,3	— 581,2	— 529,6	— 542,6
Einfuhr aus Frankreich	409,1	423,6	338,0	306,2	281,8	305,5	303,1	265,3
Ausfuhr nach "	293,5	274,3	271,9	253,2	249,9	277,6	216,7	205,4
	— 115,6	— 149,3	— 66,1	— 53,0	— 31,9	— 27,9	— 86,4	— 59,9
Einfuhr aus Belgien	277,5	233,5	207,4	196,7	186,5	220,5	246,1	201,4
Ausfuhr nach "	312,5	277,4	268,0	260,7	236,0	253,1	207,1	187,3
	+ 35,5	+ 43,9	+ 60,6	+ 64,0	+ 49,5	+ 32,6	— 39,0	— 14,1
Einfuhr aus den Niederlanden	256,8	220,9	194,2	206,1	203,8	215,4	203,3	184,1
Ausfuhr nach "	448,8	420,0	418,4	393,6	379,0	395,9	327,7	280,1
	+ 192,0	+ 199,1	+ 224,2	+ 187,5	+ 175,2	+ 180,5	+ 124,4	+ 96,0
Einfuhr aus Italien	216,0	191,4	200,1	192,5	182,6	186,4	197,0	170,3
Ausfuhr nach "	175,4	146,0	136,1	130,0	127,2	127,4	116,0	94,4
	— 40,6	— 45,4	— 64,0	— 62,5	— 55,4	— 59,1	— 81,0	— 75,9
Einfuhr aus der Schweiz	190,3	180,5	171,8	168,8	154,2	170,5	176,3	173,5
Ausfuhr nach "	369,8	327,9	304,1	285,3	264,3	292,1	284,7	255,9
	+ 179,5	+ 147,4	+ 132,3	+ 116,5	+ 110,1	+ 121,6	+ 108,4	+ 82,4
Einfuhr aus Österreich-Ungarn	773,2	731,7	754,8	719,5	693,3	724,3	730,4	661,2
Ausfuhr nach "	594,9	584,4	530,6	533,1	491,5	510,7	466,0	453,7
	— 178,3	— 147,3	— 224,2	— 186,4	— 201,8	— 213,6	— 264,4	— 107,5

Michelis.

2

Die Entwicklung des Handelsverkehrs mit Österreich-Ungarn muß hingegen nach demjenigen mit Großbritannien als besonders günstig bezeichnet werden. In demselben Verhältnis des Ansteigens der Einfuhr aus Österreich-Ungarn stieg auch die Ausfuhr dahin. Wenn die Passivität auch dauernd um rund 200 Mill. Mk. bedeutend ist, so ist doch zu berücksichtigen, daß in der Ausfuhr deutscher Industrieartikel nach Österreich-Ungarn eine größere Rentabilitätsquote steckt als in dem landwirtschaftliche Produkte umfassenden Teil der Ausfuhr Österreich-Ungarns, welcher noch 40% seiner Ausfuhr nach Deutschland ausmacht. Österreich-Ungarn hat also alles Anrecht, nach Großbritannien, und trotz der an sich bestehenden, wenn nicht durch Zollschranken gehinderten, Entwicklungsmöglichkeit eines großen deutschen Absatzes nach den Vereinigten Staaten und Rußland, als einer der wertvollsten Märkte für die deutsche Industrie betrachtet zu werden.

Es soll damit nicht gesagt werden, daß von den europäischen Märkten nicht auch Frankreich, Schweiz, Belgien und die Niederlande, auch Italien annähernd die volkswirtschaftliche Bedeutung hätten für das deutsche Wirtschaftsgebiet wie Österreich-Ungarn trotz der bedeutenden Abstände in der statistischen Bewertung des Handelsverkehrs. Denn überall dürfte, abgesehn von den Faktoren der Zahlungsbilanz, für die volkswirtschaftliche Bewertung des Handelsverkehrs der innre Aufbau des Güteraustausches mitentscheiden. Geben auf der einen Seite die Massenartikel den Ausschlag, so sind es auf der andern Seite Fertigfabrikate, die durch den Grad der Feinheit, Höhe des Einheitswertes, Höhe des Arbeitslohnes und damit im Zusammenhang stehende Kulturwerte aller Art wichtige Grundlagen des allgemeinen volkswirtschaftlichen Aufschwungs bilden.

Die Wirkungen einer Zolltrennung auf die deutsch-österreichisch-ungarischen Handelsbeziehungen lassen sich nun allerdings nur annähernd vorherbestimmen. Sie sind mehr oder weniger bedingt durch die Art der Verwirklichung des Gedankens, sie hängen vor allem davon ab, ob es sich um eine vollkommne oder teilweise Zolltrennung handeln würde, und ob sich Deutschland auch für den letztern Fall das Recht der Meistbegünstigung zu sichern vermag. Immerhin ergeben sich aus der Entwicklung der deutsch-österreichisch-ungarischen Handelsbeziehungen, wenn man sie im Rahmen des Gesamthandels der drei Staaten und ihrer allgemeinen volkswirtschaftlichen Entwicklungstendenzen betrachtet, gewisse Grundlinien, innerhalb deren das Interesse an der Zolltrennungsfrage liegt, und Erwartungen und Befürchtungen sich einengen.

Einwirkungen der Zolltrennung lassen sich nur in geringem Grade erwarten für diejenigen Zweige des österreichisch-ungarischen Handelsverkehrs, die nur als Durchfuhrverkehr erscheinen — Kolonialwaren, Baumwolle, Palmkern- und Kokosnußöl via Hamburg und Bremen, Gewürze, Südfrüchte, Kautschuk usw. nach Deutschland via Triest — oder auf einen durch die geographische Lage gegebnen Wechselverkehr zurückzuführen sind, z. B. für rund 100 Mill. K Steinkohle und Koks aus Deutschland und fast ebensoviel Braunkohle nach Deutschland. Allerdings sind auch in diesen Verkehrszweigen Verschiebungen und Unterbindungen denkbar, wenn man damit rechnet, daß sich die selbständigen Zollgebiete Österreich und Ungarn z. B. nicht über gleichmäßige Anwendung ihrer Durchfuhrtarife usw. einigen können. Bringt man jene Importe und Exporte in Abzug, so verbleiben als die wichtigsten Waren der österreichisch-ungarischen Einfuhr aus Deutschland, in Millionen Kronen, im Durchschnitt der Jahre 1901/05:

Baumwollgarne 3,9, Baumwollwaren 7,3, Wollengarn 16,6, Wollenwaren 11,7, Seide 10,9, Seidenwaren 9,3, Kleidungen und Wäsche 10,2, Eisen und Eisenwaren 22,1, Maschinen und Apparate 32,4, Metallwaren 7,9, Leder 24,2, Lederwaren 4,7, chemische Produkte, hauptsächlich Farbstoffe 24,7, Kurzwaren, feinste, d. h. vorwiegend Gold- und Silberarbeiten und feine Kurzwaren 36,8, Papier 7,2, Papierwaren 1,9, Holz- und Beinwaren 6,5, Kautschukwaren 5,0, Steinwaren 4,5, Tonwaren 3,5, Glaswaren 2,3, literarische und Kunstgegenstände 50,6.

Die Ausfuhr Deutschlands landwirtschaftlicher Natur, in Millionen Kronen: Sämereien 7, Rindvieh und Pferde 3, Fische 4, tierische Produkte 19,5 (hauptsächlich Häute) usw. kann hier außer Betracht bleiben.

Die wichtigsten Waren der Ausfuhr Österreich-Ungarns nach Deutschland waren im Durchschnitt der Periode 1901/05 in Millionen Kronen:

Getreide, d. h. fast ausschließlich Gerste 54,1, Malz 30,7, Mehl 4,3, Kleie 12,3, Hülsenfrüchte 6,3, Wein 4, Obst und Gemüse 15,7, Kleesaat 14,6, Hopfen und Hopfenmehl 14,5, Schlachtvieh 81,6, frisches und zubereitetes Fleisch 6,3, Pferde 17,3, andre Tiere, hauptsächlich totes und lebendes Geflügel 21,8, Geflügeleier 84,2,

Felle und Häute 30,1, Wolle 12,8, Bettfedern 17,7, Fette, fast ausschließlich Butter 14,1, Rohholz 68,2, Sägewaren 34,5, Eichen- und Fichtenrinde 6,5, Flachs und Hanf bezw. Flachs- und Hanfwerg 9,1, Mineralien 25,6, hauptsächlich Eisen- und Zinkerze, Porzellanerde, Bier 9,8.

Leinengarn 11,7, Leinenwaren 4, Wollengarn 1,9, Wollenwaren 4,5, Seide und Seidenwaren 8,5, Kleidungen, Wäsche und Putzwaren 16,6, Papier und Papierwaren 8,8, Leder 2,7, Lederwaren 19,6, Holz- und Beinwaren 11,9, Glas und Glaswaren 11,8, Steinwaren 2,5, Tonwaren 4,7, Eisen und Eisenwaren 8, Metallwaren 4,7, Maschinen und Apparate 2,9, Instrumente (musikal.) 2,4, Kurzwaren 6,9, chemische Hülfsstoffe 8,1, chemische Produkte 8,7, literarische und Kunstgegenstände 14,2.

Ließ sich für einen Teil des deutsch-österreichisch-ungarischen Warenaustausches als Durchgangs- und Wechselverkehr keine oder eine geringe Einwirkung einer Zolltrennung vorhersagen, so würden sich größre Einflüsse geltend machen zunächst auf den deutschen Industrieexport. Nach dem Verkehr unter den bestehnden Zollverhältnissen geurteilt, sind an der Ausfuhr Deutschlands nach Österreich-Ungarn hauptsächlich beteiligt: die Textil-, Bekleidungs-, Eisen-, Maschinen-, Metallwaren-, chemische, Kurzwaren-, Leder- und Papierindustrie, das deutsche Buchdruckgewerbe.

Einige Anhaltspunkte dafür, in welcher Richtung sich die Einwirkungen bewegen würden, bieten sich einerseits an der bisherigen Verteilung der deutschen Ausfuhr nach Österreich und Ungarn, anderseits an den Entwicklungstendenzen der ungarischen Industrie, nach welchen sich die Industriezollpolitik des selbständigen ungarischen Zollgebietes und sein Bedarf an Industrieartikeln annähernd bemessen läßt.

Eine deutsche Reichsstatistik, welche den Handelsverkehr mit Österreich und mit Ungarn getrennt darstellt, gibt es leider nicht. Sie müßte zweckmäßigerweise baldigst geschaffen werden, wenn nicht Deutschland die ausreichenden Unterlagen fehlen sollen, welche eine selbständige Bewertung der deutsch-österreichischen und deutsch-ungarischen Handelsbeziehungen gestatten. Auch wenn mit dem Ereignis einer Zolltrennung nicht ernstlich zu rechnen wäre, würde die Ergänzung der deutschen Handelsstatistik in der gedachten Richtung für die deutschen Handelsinteressen sicher von Wert sein, wenn man erwägt, daß auch im bisherigen gemeinsamen Zollgebiet

Österreich und Ungarn zwar als gemeinsame, aber materiell als selbständige Vertragschließende auftreten. Der Erlaß eines autonomen ungarischen Zolltarifs, wenn auch inhaltlich mit dem bisherigen österreichisch-ungarischen Zolltarif übereinstimmend, brachte die handelspolitische Selbständigkeit Ungarns von neuem verstärkt zum Ausdruck. Unter den gegebenen Verhältnissen ist die Verteilung des deutschen Exports auf Österreich und auf Ungarn bezw. der deutsche Import aus beiden Ländern vorläufig aus der Verbindung der Handelsstatistik des gemeinsamen österreichisch-ungarischen Zolltarifs und derjenigen über den Außenhandel Ungarns aus Monographien, Fachberichten usw. zu entnehmen.

Ausweislich der gedachten Handelsausweise entfällt auf Österreich etwa $9/10$ der Einfuhr des gemeinsamen Zollgebietes aus Deutschland, auf Ungarn etwa $1/10$, d. h. Österreich ist 1893—1905 mit 9—8,7 % an der Gesamtausfuhr Deutschlands, Ungarn etwa mit 2—1,3 % beteiligt. Ähnlich liegt das Anteilverhältnis in bezug auf die Ausfuhr. Österreich stellt etwa $6/7$, Ungarn etwa $1/7$ der Ausfuhr des gemeinsamen Zollgebietes nach Deutschland. Wenn also Österreich-Ungarn in der Zeit von 1893—1905 mit 14—10 % an der Gesamteinfuhr Deutschlands beteiligt ist, so ist es Österreich mit 12—10 %, Ungarn mit ca. 2 %.

Außenhandel des gemeinsamen Zollgebietes mit Deutschland (ohne den Hafenbezirk Hamburg und Bremen, österr.-ungarische Statistik, exkl. Edelmetalle).

Millionen Kronen

	1893	1894	1895	1896	1897	1898	1899
Einfuhr	490,5	515,2	515,3	513,3	539,6	563,5	598,03
Ausfuhr	754,2	774,1	700,2	735,3	742,4	776,5	896,9
Bilanz	+ 263,7	+ 258,8	+ 184,9	+ 222,0	+ 202,8	+ 213,0	+ 298,9

	1900	1901	1902	1903	1904	1905
Einfuhr	633,9	634,5	650,8	695,3	764,7	803,6
Ausfuhr	941,7	910,3	923,02	1008,9	961,1	1020,2
Bilanz	+ 307,8	+ 275,8	+ 272,2	+ 313,6	+ 196,4	+ 216,6

Außenhandel Ungarns mit Deutschland (ungarische Statistik).

Millionen Kronen

	1893	1894	1895	1896	1897	1898	1899
Einfuhr	56,3	57,7	61,8	58,1	55,1	55,5	56,3
Ausfuhr	104,7	146,9	87,7	107,8	101,9	106,3	134,9
Bilanz	+ 84,4	+ 89,2	+ 25,9	+ 49,7	+ 46,8	+ 50,8	+ 78,6

	1900	1901	1902	1903	1904	1905
Einfuhr	54,5	60,1	64,0	72,5	79,2	87,8
Ausfuhr	141,2	140,6	154,1	155,3	136,8	151,2
Bilanz	+ 86,7	+ 80,5	+ 90,1	+ 82,8	+ 57,6	+ 63,4

Allerdings wäre es ungerecht, den Anteil Ungarns im Verkehr mit Deutschland nur im statistischen Ausmaß zu bewerten. Die Statistik erfaßt nicht den Zwischenhandel Österreichs, der grade im Verkehr Ungarns aus und nach Deutschland nicht unbedeutend ist. Sie kann auch die Tatsache nicht zum Ausdruck bringen, daß die große Aufnahmefähigkeit des österreichischen Marktes für deutsche Industrieprodukte sowie die Stärke seines industriellen Exports im innern Zusammenhang stehn mit dem freien ungarischen Absatzgebiet, an dessen Anlehnung sich ein so großer industrieller und allgemein= wirtschaftlicher Aufschwung vollziehn konnte.

Berücksichtigt man diese innern Zusammenhänge, so dürfte unzweifelhaft sein, daß im Fall einer Zolltrennung eine Reihe deut= scher Industrieartikel in die Stelle der österreichischen eintreten. Der Umfang, in welchem diese Verschiebung eintritt, ist naturgemäß ver= schieden, je nachdem ob die Beseitigung der bisherigen österreichischen Monopolstellung voll eintritt, und Deutschland das Recht der Meist= begünstigung erhält, oder ob bei einer teilweisen Zolltrennung beide Staaten sich Vorzugszölle gewähren und dritte Staaten von dem Genuß derselben ausschließen. In Frage kommen namentlich Artikel der bereits genannten deutschen Industrien, die bisher schon vorzugs= weise für den österreichisch=ungarischen Markt arbeiteten. Es werden aber noch Industrieartikel hinzutreten, welche bisher zugunsten der österreichischen Industrie durch die hohen gemeinsamen Außenzölle zurückgehalten wurden. Welche Warengruppen von diesen Gesichts= punkten aus auf einen größern Absatz in Ungarn rechnen können, das wird man im einzelnen dem Urteil der Sachverständigen über= lassen, zum andern Teil werden erst Erfahrungen durch die direkte Verbindung mit Ungarn gesammelt werden müssen. Die Fracht= differenz, welche dem nähern österreichischen Markt zugute kommt, wird in vielen Fällen zuungunsten deutscher Waren keine Rolle spielen, durch billigre Preise oder andre Umstände ausgeglichen werden.

Erwartungen sind auf deutscher Seite naturgemäß nicht an= gebracht in denjenigen Zweigen, in denen Ungarns Industrialisierung selbst schon auf große Fortschritte zurückblickt. Dies gilt vor allem von der gesamten ungarischen Nahrungs= und Genußmittel= industrie, welche nicht nur den ungarischen Markt beherrscht, sondern große Werte zum Export bringt. Die Mühlenindustrie exportierte 1901/05 durchschnittlich über 7 Mill. mz im Werte von 177 Mill. K, und ihre Exportfähigkeit wäre an sich viel größer, wenn ihr nicht im

Ausgleich mit andern wirtschaftlichen Interessen manche Beschränkung auferlegt worden wäre. Die Zuckerindustrie verfügt über Export=
überschüsse von 35—40 Mill. K, die Spiritusindustrie, wenn auch von ihrer ehemaligen Exportfähigkeit vollständig verdrängt, stellt immer noch 25—12 %, 1904—1905, der Ausfuhr des gemeinsamen Zollgebietes (ca. 200 000 mz). Der Exportüberschuß der Malzindustrie, jährlich 4—7 Mill. K, 1901—1905, ist jedenfalls außerordentlich steigerungsfähig. In den großen Zweigen der Nahrungs= und Genuß=
mittelindustrie hätte also Deutschland nichts auf dem ungarischen Markt zu erwarten, im Gegenteil, es müßte damit rechnen, daß be=
deutende vom österreichischen Markt abgedrängte Exportmengen nach Deutschland hereindrängen. Letzte Befürchtung erscheint namentlich gerechtfertigt gegenüber dem Mehl, worin Ungarn in den letzten Jahren für 125—175 Mill. K nach Österreich lieferte. Die Zeiten, in denen Österreich=Ungarn in Mehl eine führende Stellung auf dem deutschen Markt einnahm, liegen noch nicht lange zurück. Sie wurde verloren, weniger durch die Konkurrenz der Vereinigten Staaten als durch den großen Aufschwung der deutschen Müllerei. Der durch=
schnittlichen Einfuhr Deutschlands 1901—1905 in Weizenmehl von 29 310 Tonnen im Werte von 6,4 Mill. Mk. steht eine durch=
schnittliche Ausfuhr von 42 300 Tonnen im Werte von 7,8 Mill. Mk. gegenüber. Hinzu kommt Deutschlands bedeutende Ausfuhr in Roggenmehl im Werte von ca. 12 Mill. Mk. Die deutsche Handelspolitik muß natürlich danach trachten, das Niveau der deutschen Müllerei nicht nur zu erhalten, sondern mindestens der Konsumsteigerung entsprechend fortzuentwickeln und wird demgemäß auch an einem hohen Mehlzoll festhalten. Hiermit beantwortet sich zugleich die Frage, inwieweit Ungarns Mühlenindustrie darauf rechnen könnte, für Verluste auf österreichischem Markt in Deutschland Ersatz zu finden. Innerhalb der 30 000 deutschen Mühleninteressenten, welche meist kleinere und mittlere Betriebe darstellen, bestehn selbst Besorgnisse genug gegenüber den in Entstehung begriffenen deutschen Riesenbetrieben. Die deutsche Zollpolitik wird sich daher hüten müssen, die Besorgnisse durch Herbeiziehung der ungarischen Riesen=
mühlen zu vermehren und muß es der anerkannten Vorzüglichkeit der ungarischen Feinmehle überlassen, sich einen Platz auf dem deutschen Markt zu sichern.

Die ungarische Eisenindustrie behauptet mit einem Produk=
tionswert von etwa 250 Mill. K den Inlandmarkt — trotz des

gemeinsamen Zollgebietes — in allen Artikeln des großen Bedarfes, im Bedarf an Roheisen, Schienen, Radreifen, Eisenbahnwagen, Lokomotiven, hat sogar Exportüberschuß in Roheisen, Stabeisen und Stahlblech, eisernen Bauträgern, Eisenbahn- und Grubenschienen, Waggonrädern, Eisenmöbeln. Fortschreitend ist die Unabhängigkeit in genieteten Röhren, Sägen, Messern, Schlosserwaren, Heizanlagen, Eisen- und Stahldraht. Die Mehreinfuhr im Werte von 30 Mill. K wird herbeigeführt durch den Bedarf an höherwertigen Eisenwaren, den allerdings fast ausschließlich Österreich deckt. Es sind dies vorzugsweise Eisen- und Stahldraht, Eisen- und Stahldrahtwaren, Eisengußwaren, Schmiedeeisenwaren, Bau-, Möbel-, Wagenbeschläge, Eisen- und Stahlröhren, Wagenachsen, Werkzeuge, Nägel und Nieten, Drahtstifte, Geldkassen und Kassetten usw.

Auch die Maschinenindustrie hat sich soweit entwickelt, daß einem Produktionswert von etwa 200 Mill. K nur eine Mehreinfuhr aus Österreich, durchschnittlich 1901—1905, von 30 Mill. K gegenübersteht. An der gesamten ungarischen Einfuhr von rund 60 Mill. K (1905) ist das Zollausland, d. h. vorwiegend Deutschland, England und die Schweiz, nur mit 26%, Österreich mit 74% beteiligt. Erheblich ist hier namentlich die Abhängigkeit in landwirtschaftlichen Maschinen. Es kann kein Zweifel sein, daß Deutschland in den Eisenwaren, in denen vorerst noch Abhängigkeit besteht, in den landwirtschaftlichen und in allerlei Art Maschinen, welche der Industrialisierung Ungarns dienen, bis auf weitres einen größeren Absatz nach Ungarn entwickeln könnte, wenn die durch die hohen Zölle des gemeinsamen Zollgebietes gesicherte Monopolstellung Österreichs gebrochen würde. Dasselbe kann auch die deutsche Metallwaren- und Edelmetallwarenindustrie erwarten, welche in verschiednen Artikeln, z. B. Messingwaren bezw. Gold- und Silberdrähten, Silberschmucksachen, Goldwaren, trotz der Zollschranken die österreichische Konkurrenz wiederholt vom ungarischen Markt verdrängt haben.

In den Halbfabrikaten der Holzindustrie (Faßdauben, Sägewaren aus Hartholz) hat Ungarn 1901—1905 einen durchschnittlichen Export im Werte von 50—60 Mill. K; in den feinern Holzwaren eine durchschnittliche Mehreinfuhr aus Österreich von 12—15 Mill. K; in feinern Möbeln, Parketten, Fournieren hat Ungarn wieder Exportüberschüsse. Ungarns Emanzipation schreitet hier mit sichern Schritten vorwärts.

In der chemischen Industrie, deren Produktionswert 1898 schon auf 83 Mill. K geschätzt wurde, muß man die Abhängigkeit des ungarischen Marktes nach der Fülle der chemischen Spezialien unterscheiden.

Bei den chemischen Hülfsstoffen weist die geringe Mehreinfuhr von im ganzen 7,1 Mill. K 1905 bezw. von 3—4 Mill. K durchschnittlich 1901—1905 gegenüber Österreich gewiß auf eine geringe Abhängigkeit hin. Tatsächlich besteht bei einer Reihe von Hülfsstoffen Produktionsüberschuß, z. B. bei Schwefelsäure, flüssiger Kohlensäure, Salpetersäure, Holzgeist, Essigsäure; annähernd gedeckt wird der eigne Bedarf an Glaubersalz, schwefelsaurem Kali, Karbolsäure; größre Abhängigkeit liegt vor bei Kupfervitriol, kalzinierter Soda, schwefelsaurem Ammoniak. Auch in chemischen Produkten ist die Abhängigkeit mit einer Mehreinfuhr Ungarns von 4—5 Mill. K unbedeutend. Daß der Zolltrennung große Wandlungen, sei es zugunsten, sei es zuungunsten der deutschen chemischen Industrie, folgen, dürfte ausgeschlossen sein. Auch Österreich leidet sowohl bei den chemischen Hülfsstoffen wie bei den Produkten an entsprechenden Mehreinfuhren (bei den erstern 1905: 12,7, bei den letztern 9,3 Mill. K). Beide Staaten stehn in ihrem Bedarf und in ihrer Produktion im großen und ganzen selbständig nebeneinander, werden auch als selbständige Zollgebiete für die meisten Hülfsstoffe an der Zollfreiheit festhalten. Bei den chemischen Produkten wird eine Einschränkung der Monopolstellung Österreichs hier und da der deutschen Industrie zugute kommen, z. B. der Farbenindustrie. Aussichten würden sich auch vorläufig bei Kerzen und Seifen eröffnen, wofür Ungarn an Österreich jährlich immer noch 6 Mill. K zahlt, vorausgesetzt, daß die deutschen Fabriken mit den nordböhmischen Fabrikanten, die mit erheblich billigern Arbeitskräften arbeiten, konkurrieren können. Nach letzter Richtung bestehn Zweifel.

Annähernde Gewißheit besteht darüber, daß die deutsche Glasindustrie nicht daran denken wird, in die Deckung des vorläufig noch 8 Mill. K durchschnittlich 1901/05 betragenden ungarischen Bedarfs einzutreten. Im selbständigen Zollgebiet würde sehr bald die im Aufschwung begriffne einheimische Glasindustrie die Deckung übernehmen. Anderseits ist die österreichische Glasindustrie eine der hervorragendsten Industrien, welche mit ca. 60 Mill. K Exportüberschuß den Weltmarkt beherrscht und selbst im Verkehr mit Deutschland ein durchschnittliches Aktivsaldo von 9 Mill. K aufweist, so daß sie auch die Zollschranken nach Ungarn überwinden würde.

Von dem Bedarf an Papier, Papierwaren, für welche Ungarn jährlich 14—15 Mill. K an Österreich mehr zahlt, als es dort abgibt, würde sehr wahrscheinlich ein Teil der Lieferung der deutschen Papierindustrie zufallen, namentlich in Pappe, Druck- und Schreibpapier, Briefpapier, Kartonnagen, Zigarettenpapier und andern Papierwaren; Österreich war in Papier und Papierwaren Deutschland gegenüber selbst mit einer Mehreinfuhr von 20,9 Mill. K durchschnittlich 1901/05 abhängig.

In Leder aller Art — hauptsächlich Sohlenleder, gemeines und feines Oberleder — hatte Ungarn durchschnittlich 1904/05 eine Mehreinfuhr aus Österreich von über 55 000 mz im Werte von 23 Mill. K. Dieser Abhängigkeit ist jedoch die Zunahme des gesamten Sohlenlederexports nach Österreich und Zollausland von 19 auf 25—28 000 mz, 1899—1905, und eine ebenso wertvolle Steigerung in Oberleder von 10- auf 15 000 mz entgegenzuhalten. Im Verhältnis zum Konsum ist die Abhängigkeit unzweifelhaft in Abnahme, denn die Umgestaltung der kleinen Gerbereien in moderne Betriebe mit den erforderlichen maschinellen Ausrüstungen ist durch Gratisstellung der Arbeitsmaschinen seitens der ungarischen Regierung in vollem Gange. In einzelnen Ledersorten behauptete bisher Deutschland, das nach Österreich-Ungarn einen durchschnittlichen Mehrexport von 2—3 Mill. K 1901/05 hatte, eine feste Position auch auf dem österreichischen Markt, z. B. in Chevreaux- und Lackleder, so daß mit Beseitigung der Monopolstellung Österreichs auf eine weitere Ausdehnung auch auf dem ungarischen Markt in den feinern Ledersorten zu rechnen sein mag. Dagegen hätte die deutsche Lederwarenindustrie von vornherein keine Vorteile zu erwarten. Tatsache ist ja allerdings, daß bei Täschnerwaren und ledernen Etuis billige deutsche Massenartikel gegenwärtig durch Vermittlung des österreichischen Zwischenhandels nach Ungarn gelangen, aber die gesamte österreichische Ausfuhr beträgt hiervon nach Ungarn nur etwa 1 Mill. K. Österreich-Ungarn, d. h. Österreichs bedeutende Lederwarenindustrie hat jedoch selbst Deutschland gegenüber eine durchschnittliche Mehrausfuhr im Werte von 17,5 Mill. K. 1901/05, die fast ausschließlich, wie die Mehrausfuhr nach Ungarn von 20 Mill. K 1901/05, durch den Export von Lederhandschuhen und Schuhwaren begründet ist. Da

Österreichs Mehrausfuhr dem Zollausland gegenüber, also ohne den Export nach Ungarn, sogar 43 Mill. K beträgt, 1905, so wird die Ausfuhr nach Ungarn auch im Falle der Zolltrennung bis auf weiteres als sichre Post gelten können. Mit dem weitern Fortschritte der ungarischen Schuhwarenindustrie, die 1904/05 schon für 3 Mill. K nach Österreich und für 1 Mill. nach dem Zollausland exportierte, und mit den zunehmenden Erfolgen der ungarischen Handschuhfabriken kann hingegen Deutschland damit rechnen, daß die österreichischen Großfabriken im Fall einer Zwischenzollschranke Ausgleiche auf dem deutschen Markt suchen werden.

Während es sich in den erwähnten und in andern Industrie= zweigen, deren Verhältnisse im einzelnen hier nicht weiter erörtert werden können, um verhältnismäßig kleine Summen handelt, erfordert die Versorgung des ungarischen Marktes mit Textilien ganz be= deutende Zahlungen an Österreich, so daß sich ein Einbruch der deut= schen Textilindustrie in Österreichs Monopolstellung an sich lohnen würde. Ungarn zahlte — seit Jahren steigend — an Österreich 1905 für

```
Erzeugnisse der Baumwollindustrie  . . . .  203,8 Mill. K
    =       =   Schafwollindustrie . . . .  112,3   =  =
    =       =   Leinen= und Juteindustrie.   34,6   =  =
    =       =   Seidenindustrie . . . . .    35,8   =  =
    =       =   Konfektionsindustrie . . .   64,3   =  =
                                            450,8 Mill. K.
```

Es befinden sich darunter: Baumwollgarn 18,5, Baumwollstoffe aller Art und Waren 185 Mill. K, wollne Damen= und Herren= kleiderstoffe 1905: 78,7 Mill. K, für Leinengewebe 10 Mill. K, für Halb= und Ganzseidenstoffe 27 Mill. K, für Herren= und Damen= kleider 34 Mill. K, für Wäsche aus Baumwolle 10,7 Mill. K. Ungarn steht jedoch der Trost zur Seite, daß diese statistisch aus= gewiesnen Werte sich um diejenigen Summen kürzen, die Österreich selbst für Roh= und Hülfsstoffe und für Zwischenhandelsware an das Ausland zu zahlen hat. Wurden 1905, wie der Bericht der österreichischen Permanenzkommission für die Handelswerte der Zwischen= verkehrsstatistik annimmt, 40 % der von Österreich eingeführten Baum= wolle für Zwecke des Exports nach Ungarn verarbeitet, so sind hierfür 71 Mill. K in Abzug zu bringen. Nach entsprechenden Berechnungen ergeben sich als weitre Abzüge ca. 4 Mill. K für aus dem Ausland bezogne Appreturmaterialien, 15 Mill. K für Zwischenhandelsware, es verbleiben dann für die Erzeugnisse der Baumwollindustrie statt 203,8 Mill. K nur 114 Mill. K. Unter gleichartigen Abzügen vermindert sich der Ausfuhrwert der Erzeugnisse der Schafwollindustrie nach Ungarn von 110 auf etwa 54 Mill. K, der Seidenindustrie von 35,8 auf 28, der Leinen= und Juteindustrie von 34 auf etwa 30, der Konfektionsindustrie von 64 auf etwa 50 Mill. K. Im ganzen würden hiernach für Textilien per 1905 zu Lasten Ungarns etwa 276 Mill. K stehn.

Die Erwartungen, welche die deutsche Textilindustrie in bezug auf diesen bedeutenden ungarischen Bedarf von brutto 450 Mill. K bezw. netto 276 Mill. K an die Zolltrennung anknüpfen könnte, erleiden jedoch mehrfache Einschränkungen. Zunächst muß man sich die Bedeutung der österreichischen Textilindustrie klar machen. Österreich für sich betrachtet — also ohne Ungarn — hatte 1905 dem Zollausland gegenüber zwar eine Mehreinfuhr in Baumwollgarn im Werte von 26,5, in Wollengarn von 28,2, jedoch eine Mehrausfuhr in Baumwollwaren von 43,2, in Wollenwaren 34,9, in Leinen= und Hanfgarn 15, in Leinen= und Hanfwaren — mit Ausnahme der Säcke und Seilerwaren — 19, in Seidenwaren 13, in Kleidungen, Wäsche und Putzwaren von 38,2 Mill. K. Der Gesamtwert der Ausfuhr Österreichs nach dem Zollausland beträgt also 1905 in den genannten Waren 163,3 Mill. K, die Mehrausfuhr in denselben nach Ungarn 398 Mill. K, in Summe 561,3 Mill. K. Schon diese bedeutenden Summen lassen damit rechnen, daß Österreich auch in Zukunft eine herrschende Stellung gegen jeden Wettbewerb auf dem ungarischen Markt einnehmen wird. Soweit in den gedachten Positionen Deutschland eindringen könnte, würden daraus kaum erhebliche Vorteile für die deutsche Industrie erwachsen. Teils werden die österreichischen Produktionsüberschüsse in verstärkter Konkurrenz zuungunsten Deutschlands auf den Balkanmärkten drücken, anderenteils werden vom ungarischen Markte abgedrängte Textilien, soweit sie auch für den deutschen Konsum in Betracht kämen, mit größerm Nachdruck nach Deutschland hereindrängen. Einzelne deutsche Handelskammerberichte geben bereits der Befürchtung Ausdruck, daß der Verlust des offnen ungarischen Marktes für die österreichische Industrie schädigende Rückwirkungen auf den deutschen Markt haben werde. So fürchtet z. B. die Chemnitzer Handelskammer (Bericht 1906, I. Teil, S. 160), daß Österreich, welches schon unter den wesentlich höhern Zöllen des Tarifs vom 15. Juli 1879 ca. 11 Mill.

Pfd. Grobgarne nach Deutschland ausführte, unter den bestehnden niedrigern Zöllen des Tarifs vom 25. Dezember 1902 im Falle des Verlustes des offnen ungarischen Marktes den deutschen Markt noch mehr überschwemmen würde. Zum andern Teil wird die österreichische Industrie für Verluste in Massenartikeln Ersatz suchen müssen im Übergang zur Feinproduktion. Dieser Vorgang kann für die österreichische Volkswirtschaft einen Gewinn darstellen, wird aber den Konkurrenzdruck auf Gebiete überlenken, auf welchen ihn die deutsche Industrie seitens Österreichs bisher nicht empfunden hat.

Es ist weiter zu berücksichtigen, daß die negative Handelsbilanz in Textilien nicht die bedeutenden Fortschritte verdunkeln kann, welche die ungarische Textilindustrie auch im gemeinsamen Zollgebiet aufzuweisen hat. Im selbständigen Zollgebiet würden sich die Fortschritte allem Anschein nach noch beschleunigen, und hiermit reduzieren sich in absehbarer Zeit die Aussichten hinsichtlich des Importbedarfs. Von 110 Unternehmungen, auf welche sich die Produktionsstatistik 1898 bezog, waren 41 in der Zeit von 1891—1898 errichtet, 1898—1904 folgten 21 Neugründungen. Der Produktionswert war gegen 1898 im Jahre 1905 gestiegen: bei den Wollwarenfabriken von 9,9 auf 14 Mill. K, bei den Baumwoll-, Leinen- und Jutespinnereien und Webereien von 21 auf 45 Mill. K, bei den Leinen- und Hanfzubereitungsunternehmungen und Seilerwarenfabriken von 3,9 auf 18, bei den Wirkereien von 1,4 auf 4, bei den Posamenterien von 2,2 auf 2,8, bei den Druckereien von 12,8 auf 15, bei den Seidenwebereien von 1,1 auf 1,6. Im ganzen betrug 1898 der Erzeugungswert von 110 Etablissements der genannten Zweige 52,7, 1905 von 143 Unternehmungen 100,4 Mill. K. In der Baumwollspinnerei arbeiteten 1898: 74 926 Spindeln, 1905: 180 560, in Webereien 1898: 3178, 1905: 4815 Webstühle. Brachte man den industriellen Produktionswert mit Ein- und Ausfuhr in Zusammenhang, so konnte man den Anteil an der Deckung des Inlandbedarfs durch die heimische Produktion schätzen: 1898 auf 14%, 1905 auf 22%. Diese Schätzung läßt aber die ungezählten Millionen außer Ansatz, welche die Heimarbeit der ungarischen Bauerfrauen ausmachen. In der Tat sind für die Millionen der ländlichen Bevölkrung die eigentlichen Textilindustriellen die Frauen, nicht nur für Haus- und Leibwäsche, sondern auch für das Ganze der bäuerlichen Kleidung; ihnen ist in erster Linie das malerische Bild der Völkertrachten Ungarns zu verdanken. Ohne Außerachtlassung einer Reihe volkswirtschaftlicher und sozialer Momente kann niemand herbeiwünschen, daß sich ein plötzlicher Umschwung von der Bedarfsdeckung durch die winterliche Heimarbeit zur industriellen Bedarfsdeckung vollziehe, man denke z. B. an die an einen unvermittelten Umschwung sich anknüpfenden Erschütterungen in der landwirtschaftlichen Lohnfrage usw. Wenn auch durch diese natürliche, durch die staatliche Industrieförderung allerdings stark beeinflußte Entwicklung des innern ungarischen Marktes allmähliche Einschränkungen des österreichischen Absatzes sich ergeben werden, so dürfte doch die Verteilung des österreichischen Exports nach Zollausland und Ungarn beruhigende Ausblicke an die Hand geben.

Es gingen 1905 in Prozenten des österreichischen Gesamtausfuhrwertes bei:

	nach Zollausland	nach Ungarn
Baumwollgarn	27,6	72,4
Baumwollwaren	29,8	70,2
Wollengarn	64,9	35,1
Wollenwaren	36,5	63,5
Leinen- und Hanfgarn	81,9	18,1
Leinenwaren	56,7	43,3
Seilerwaren	45,9	51,1
Seidenwaren	31,6	68,4
Kleidungen, Wäsche, Putzwaren	48,7	51,3

Wirklich bedeutend ist also nur Österreichs bisherige Gebundenheit an den ungarischen Markt in Baumwollgarn und Baumwoll-, Wollen- und Seidenwaren. Diese Gebundenheit hat sich unter den bisherigen Verhältnissen entwickelt, aber man würde sicher der großen österreichischen Textilindustrie mit zu geringem Respekt begegnen, wenn man trotz der Größe des Weltmarkts diese Gebundenheit als eine naturnotwendige ansehen wollte. Es wäre übrigens sehr lehrreich, die Entwicklung der Verteilung der gesamten österreichischen Ein- und Ausfuhr nach Herkunfts- und Bestimmungsländern auf Grund einer speziellen — leider erst zu schaffenden — österreichischen Statistik verfolgen zu können.

Die bisherige und weitre Entwicklungsmöglichkeit der ungarischen Textilindustrie zeichnet auch die Wege, welche die Politik des selbständigen Zollgebietes Ungarn im Ausmaß der Zölle beschreiten würde. Wenn darüber noch irgendwelche Zweifel bestehn sollten, so wurden diese in den ungarischen Preßstimmen gelegentlich der jüngsten Ausgleichsverhandlungen mit voller Deutlichkeit gelöst. Wurden die hohen Textilzölle als vermeintlich nur der österreichischen Industrie zugute kommend von den „freihändlerischen" Ungarn mit Mißbehagen betrachtet — an der Schwelle des selbständigen Zollgebietes Ungarn würden sie mit nationalem Stolz besonders hochgehalten werden. Die Zeiten, in denen die Ungarn in den Vertragsverhandlungen mit dem Zollverein bezw. Deutschland im Sinne der deutschen Vertragsunterhändler und im Gegensatz zu den Wünschen der österreichischen Industriellen immer für den niedrigen Zollsatz eintraten, sind ein für allemal vorüber. Deutschland hat diese Wandlungen im Auge zu behalten, denn das naturgemäße Bestreben seitens Österreichs, die Monopolstellung in Textilien zu behalten, und seitens der Ungarn, auch bei der Differenzierung der österreichischen Einfuhr letzterer gegenüber doch einen recht ausgiebigen Schutz zu behalten, führt dazu, die Außenzölle möglichst hoch zu spannen. Würde Ungarn, abgesehen von den natürlichen Einschränkungen, welche der österreichische Absatz in Textilien durch die ungarische Industrieentwicklung ohnehin allmählich erfährt, sich außerdem nicht dazu bereit finden, Österreichs Monopolstellung in Textilien im Verhältnis zu andern Ländern zollpolitisch zu sichern, so würde Österreich naturgemäß seine entsprechenden Abwehrmaßregeln gegen diejenigen Einfuhren aus Ungarn richten, welche annähernd gleiche Werte darstellen.

Abschnitt IV.

Die zollpolitischen Maßregeln, welche Österreich gegenüber den ungarischen Importen ergreifen müßte, würden hauptsächlich die Mehreinfuhren aus Ungarn treffen in Getreide, Hülsenfrüchten, Mehl- und Mahlprodukten — im Jahresdurchschnitt 1904/05 1,9 Mill. mz im Werte von 373 Mill. K — in Schlacht- und Zugvieh — 899051 Stück im Werte von 196 Mill. K. — Hierunter 230210 Stück Schlachtochsen für 101 Mill. K, Kühe 49892 Stück im Werte von 16,9 Mill. K, Schweine 391242 Stück im Werte von 54,9 Mill. K.

Die Wandlungen auf dem englischen, französischen, italienischen Markt und auf andern Märkten einerseits, die Expansionsfähigkeit des Agrarexportes Rußlands und der Balkanstaaten anderseits, legen von vornherein die Überzeugung nahe, daß sich für die aus der Aufgabe des schrankenlosen Verkehrs sich ergebenden Verluste und entgehenden Gewinne im ungarischen Agrarexport auf die Dauer ein ausgiebiger Ersatz im wesentlichen nur erhoffen ließe in Richtung auf den deutschen Markt. Indem ich Ungarn in dieser Ersatzfrage im wesentlichen auf den deutschen Markt glaube verweisen zu können, begehe ich keinen kühnen Gedankensprung, sondern ziehe das Fazit eingehnder Untersuchungen der Entwicklung der Handelsbeziehungen der gedachten Länder. Ein Teilresultat der betreffenden Studien habe ich niedergelegt in meinen Abhandlungen über den Zolltrennungsgedanken und die österreichisch-ungarischen Handelsbeziehungen mit England, Frankreich, Italien und den Balkanstaaten, auf welche ich mich hiermit beziehe.

Unter welchen Voraussetzungen und in welchem Ausmaß Erwartungen für Ungarn begründet erscheinen, wird sich erst ermessen lassen, nachdem die Grundbewegungen klarliegen, in welchen sich die Deckung des deutschen Bedarfs in den wichtigsten Agrarprodukten vollzieht. Deutschland hat eine leistungsfähige Landwirtschaft, deren Erfolge sich fortwährend steigern. Bei aller Intensität des Betriebes ist aber der deutsche Körnerbau seit einer Reihe von Jahren nicht in der Lage gewesen, der einheimischen Nachfrage zu genügen. Dies gilt in erster Linie von dem Weizen. Deutschlands Einfuhr in Weizen betrug:

Im Jahresdurchschnitt der Jahrfünfte	Die Gesamteinfuhr	Davon:				
		Rußland	Verein. Staaten von Amerika	Argentinien	Österreich-Ungarn	Rumänien
		in Tonnen				
1880/84	534 633	186 059	67 143	{nicht besond. nachgewiesen}	144 023	11 387
1885/89	449 922	235 235	20 822		90 024	10 373
1890/94	946 284	289 113	292 833	116 798	54 952	96 594
1895/99	1 403 742	678 078	381 214	154 599	14 321	139 269
1900/04	1 890 565	635 171	692 398	349 615	9 897	147 365
1905	2 287 586	886 520	65 920	716 640	3 160	336 720

im Werte von 329,4 Mill. Mk.
1904/05 Mehreinfuhr 1 992 230 Tonnen im Werte von 281,8 Mill. Mk.

Rußland, Vereinigte Staaten und Argentinien versorgen hiernach den deutschen Markt immer mehr. Die prozentuale Anteilnahme Österreich-Ungarns betrug 1889/90 noch 26—16% und fiel 1900 auf einen verschwindenden Bruchteil, während Rumänien auf dem deutschen Weizenmarkt ständig an Bedeutung gewinnt. Der Ausfall Österreich-Ungarns ist bedauerlich, denn der Weizenbedarf Deutschlands steigert sich und wurde 1895/1900 auf annähernd 30% des

Inlandkonsums geschätzt. Die Produktion ist in Österreich wie in Ungarn bedeutend steigerungsfähig, wenn auch nur annähernd der deutsche durchschnittliche Ernteertrag pro ha erreicht werden soll. Der durchschnittliche Ernteertrag betrug 1899/1904 beim Weizen pro ha in Deutschland 19,3, in Österreich 12,4, in Ungarn 11,8 mz. Anerkannt könnte Österreich-Ungarn noch heute in guten Erntejahren einen bedeutenden Weizenüberschuß an den deutschen Markt abgeben, wenn es nicht seine ehemalige handelspolitische Vorzugsstellung mit Rußland hätte teilen müssen.

Der unmittelbar in Mitleidenschaft gezogne Teil ist ausschließlich Ungarn, während Österreich selbst annähernd 20—30 % seines Weizenkonsums von Ungarn empfängt. Österreich bezieht daher in den letzten Jahren 4—5 Mill. mz, während nach Deutschland z. B. 1902 nur 98 820 mz, 1905: 20 381 mz gingen. Die Frage, inwieweit Ungarn, vom österreichischen Markt abgedrängt, einen Ersatz auf deutschem Markt finden kann, hängt also nicht davon ab, was Ungarn dem deutschen Export zu bieten in der Lage ist, sondern von den Rücksichten, welche Deutschlands Handelspolitik auch auf Überseestaaten, Rußland und Balkanstaaten, zu nehmen hat, und von den Preisen, welche Ungarn neben den großen Konkurrenzländern zu stellen weiß. Der Ersatz, den Ungarn auf deutschem Markt finden würde, bewegt sich jedenfalls in engen Grenzen, während es Österreich eine Leichtigkeit sein wird, seinen Weizenbedarf anderweitig zu decken.

An Deutschlands Einfuhr von Roggen ist Österreich-Ungarn ebenfalls so gut wie gar nicht mehr beteiligt.

Die Einfuhr an Roggen betrug:

Im Jahresdurchschnitt der Jahrfünfte	Insgesamt	Davon kamen aus:			
		Rußland	Vereinigte Staaten von Amerika	Rumänien	Bulgarien
		Tonnen			
1880/84	732 381	409 621	10 019	1 236	396
1885/89	737 210	511 618	5 094	10 538	2 837
1890/94	629 809	424 438	49 029	43 009	13 241
1895/99	865 525	662 470	106 044	69 831	9 608
1901/05	739 628	647 630	28 418	41 006	950

1904/05 Mehreinfuhr 183 984 Tonnen im Werte von 21,5 Mill. Mk.

Der Ausfall Österreich-Ungarns ist aber hier weniger der ausländischen Konkurrenz zuzuschreiben. Bekanntlich ist Roggen das wichtigste deutsche Brotgetreide, in dem Deutschland seinen Bedarf fast vollständig, 1895/1900 mit 89—95%, deckt. Die Gesamtmenge des Ernteertrages zeigt, von Jahren der Fehlernte abgesehn, eine fortschreitende Steigerung, 1893: 8,9 Mill. t, 1904: 10,6 Mill. t; 1906 war Deutschland sogar in der Lage, von seinem Produktions= überschuß an der Deckung des infolge der innern Wirren in Ruß= land entstandnen großen Bedarfs teilzunehmen. Der betroffne Teil ist auch hier Ungarn, das vor dem Handelsvertrag mit Rußland 1892 noch 150 000 mz an Deutschland abgab, 1902/05 nur 1000 mz. Österreich nahm hingegen durchschnittlich 1902/05 2,5 Mill. mz auf. Während es unter normalen Verhältnissen Österreich ein Leichtes ist, seinen Roggenbedarf aus Rußland zu decken, hängt die Frage, in= wieweit Deutschland einen Ersatz bieten kann, fast ausschließlich von dem Ausfall der deutschen Ernte und von dem weitern Interesse ab, welches Deutschland diesem Getreidebau bei lohnenden Preisen widmet, in zweiter Linie von der Stellung Deutschlands zu Rußland.

Anderseits geht der Bedarf an Roggen in Deutschland relativ zurück. Es entfielen von dem Gesamtverbrauch an Brotgetreide in Deutschland:

		auf Roggen	auf Weizen
Im Jahresdurchschnitt der Jahrfünfte	1879/84	70,0 %	30,0 %
	1884/89	67,2 =	32,8 =
	1889/94	44,0 =	36,0 =
im Erntejahre	1894/95	63,3 =	33,7 =
	1895/96	62,4 =	37,6 =
	1899/1900	61,0 =	39,0 =

Nach allem eröffnen sich also für Ungarn auf absehbare Zeit in keiner Weise günstige Aussichten auf deutschem Markt.

Bei der deutschen Hafereinfuhr war die Beteiligung der Haupteinfuhrländer folgende:

Im Jahres= durchschnitt der Jahrfünfte	Gesamt= einfuhr	Davon aus:				
		Rußland	Vereinigte Staaten von Amerika	Rumänien	Bulgarien	Österreich= Ungarn
		in Tonnen				
1880/84	265 126	161 145	708	639	—	—
1885/89	181 191	131 517	163	249	—	—
1890/94	208 187	137 367	11 754	28 506	—	—
1895/99	399 401	280 203	92 370	11 798	—	—
1901/05	520 946	444 372	21 876	38 930	6 550	3 700

im Durchschnittswert von 57,3 Mill. Mk.
1904/05 Mehreinfuhr 503 813 Tonnen im Werte von 48,3 Mill. Mk.

Die russische Anteilnahme an der Deckung des deutschen Bedarfs hielt sich schwankend zwischen 45 % und 92 %. Sobald die russische Einfuhr schwach war, traten die Vereinigten Staaten und Rumänien ein. Österreich-Ungarn fällt seit Jahren ganz aus, d. h. auch hier Ungarn, von dem Österreich jährlich 2—3 Mill. mz importiert (1904 2,5 Mill. mz, 1905 2,4 Mill. mz). Inwieweit bei dem zunehmenden deutschen Bedarf Ungarn einen Ersatz in Deutschland für Verluste auf österreichischem Markt finden könnte, hängt also auch hier von den Rücksichten Deutschlands auf Rußland, Rumänien und Bulgarien ab.

Die Maiseinfuhr ist in Deutschland in einer rapiden Zunahme. Sie hat sich gegen 1890/91 verdoppelt, gegen Mitte der achtziger Jahre verzehnfacht und erreicht ausweislich nachstehender Tabelle 1901/05 durchschnittlich 949 750 t im Werte von 94 Mill. Mk.

Im Jahresdurchschnitt	Insgesamt	Davon aus:					
		Verein. Staaten von Amerika	Argentinien	Rußland	Österr.-Ungarn	Rumänien	Bulgarien
		Tonnen					
1890/1895	671 130	329 497	30 045	69 604	42 852	142 506	—
1895/1900	1 515 798	862 762	105 441	91 768	62 534	68 647	—
1901/1905	949 750	420 100	254 098	126 220	11 066	106 788	6730

im Durchschnittswert von 94,4 Mill. Mk.

Hier beherrschen mit Riesenschritten Argentinien und die Vereinigten Staaten, auch Rußland und Rumänien, den deutschen Markt. Wird der ungarische Handel gezwungen, an Stelle von Österreich, welches in Jahren guter ungarischer Ernten 3—4 Mill. mz aufnimmt, auf dem deutschen Markte Ersatz zu suchen, so wird Ungarn zweifellos auch einen Ersatz finden können. Deutschland nahm z. B. in dem guten ungarischen Erntejahr 1902 203 510 mz Mais auf. Daß sich aber neben solchen Riesenkonkurrenten wie Argentinien und Vereinigte Staaten der Absatz auf dem deutschen Markt so vorteilhaft gestalten kann, wie es bisher auf dem durch die gemeinsame Zollinie gesicherten österreichischen Markt der Fall war, läßt sich von vornherein nicht annehmen.

In Gerste ist zwar die Ausfuhr Österreich-Ungarns noch bedeutend und absolut steigend, aber die Verteilung des deutschen Bedarfs auf die Hauptbezugsländer zeigt doch eine erheblich rückläufige Bewegung in der österreichisch-ungarischen Anteilnahme zugunsten Rußlands:

Im Jahresdurchschnitt der Jahrfünfte	Gesamteinfuhr	Davon aus:		Rumänien
		Rußland	Österreich-Ungarn	
		Tonnen		
1880/84	320 867	42 643	197 791	4 680
1885/89	479 932	126 603	235 607	8 009
1890/94	798 669	323 211	293 790	114 671
1895/99	1 055 595	574 061	317 155	68 862
1900/05	1 332 888	910 220	303 516	62 882

im Durchschnittswert von 146,3 Mill. Mk.

Die Ausfuhr Deutschlands ist ganz geringfügig. Österreich und Ungarn bringen eine hervorragende Spezialität zur Ausfuhr, die wertvolle Braugerste, während die russische Zufuhr hauptsächlich aus Futtergerste besteht. 1905 wurden 1,103 Mill. t russischer Zufuhr auf 115 Mill. Mk., 336 480 t aus Österreich-Ungarn auf 50,5 Mill. Mk. bewertet. Ungarn ist hier ebenfalls der fast ausschließliche Lieferant an Deutschland. Da sich der ungarische Export nach dem Zollausland wiederholt gehoben hat, das Zollausland schon bisher etwa 50 % des ungarischen Exportes aufnimmt, so ist hier ein Verlust auf österreichischem Markte (Ungarns Ausfuhr nach Österreich 1902/05 rund 2 Mill. mz) nicht so besorgniserregend, selbst wenn Deutschland nicht ausreichend Ersatz bieten könnte. Ungarn muß auch hier damit rechnen, daß Deutschland an seinem hohen Schutzzoll für Gerste festhält; denn bei aller in Deutschland bestehnden Kontroverse über günstige oder ungünstige Wirkung der Getreidezölle besteht im allgemeinen kein Zweifel darüber, daß die deutsche Land- und Volkswirtschaft eine Ausdehnung des lohnenden Gerstenbaues für nützlich und nach Ansicht der Sachverständigen auch für sehr wohl möglich hält.

Die Malzeinfuhr Deutschlands kommt noch fast ausschließlich aus Österreich-Ungarn. Deutschland führte daher durchschnittlich ein:

1896/1900: 989 605 mz } im Werte von 21,7 Mill. Mk.
1901/1905: 988 606 =

Deutschland hatte durchschnittlich 1904/05 eine Mehreinfuhr von 841 670 mz im Werte von 18,6 Mill. Mk. Österreich, das 92 % der ganzen Malzausfuhr des gemeinsamen Zollgebietes stellt, 1905 von 1,86 Mill. mz 1,69 im Werte von 49,07 Mill. K, ist auch für Deutschland mit 90% Lieferant. Eine Verdrängung des ungarischen Malzes vom österreichischen Markt, der in den letzten Jahren rund 100000 mz aufnahm, würde eine neue Erschwerung für die ungarische Malzindustrie bedeuten, welche die Erhöhung des deutschen Malzzolles von bisher vertragsmäßig Mk. 3,60 auf 5,75 besonders beklagt. Deutschland wird daran festhalten, seine Malzfabrikation zu fördern, namentlich erwartet man in Schlesien die Gründung von Malzfabriken, so daß Ungarn kein besonderer Ausgleich für Verluste auf österreichischem Markte winkt.

In Hopfen hat Österreich-Ungarn seine traditionelle Stärke gegen Rußland auf dem deutschen Markt behauptet. Einfuhr aus Österreich-Ungarn 1896/1900: 24096 mz, aus Rußland 2973 mz, 1900/1905 aus Österreich-Ungarn 32082 mz, aus Rußland 2017 mz. Indessen sind, wenn auch die deutschen Brauereien den österreichischen Hopfen, als Primaware anerkannt, vorerst nicht entbehren können, die Hoffnungen für die Zukunft nicht allzu hoch zu spannen, denn bei guten Erntejahren hat Deutschland selbst eine bedeutende Mehrausfuhr:

1896/1900 Einfuhr	27776 mz	1901/1905 Einfuhr	35183 mz
Ausfuhr	89083 =	Ausfuhr	96577 =
Mehrausfuhr	61307 mz	Mehrausfuhr	61391 mz

im Werte von 22 Mill. Mk., die es nach Großbritannien, Frankreich, Belgien usw., sogar nach den Vereinigten Staaten abgibt. Insoweit hier Deutschland aus Österreich-Ungarn einführt, kommt die Einfuhr fast ausschließlich aus Österreich, das z. B. 1905 für 36,9 Mill. K an das Zollausland und Ungarn abgibt, während Ungarn als Weinland nur für einige Tausend Kronen ausführt.

Der ungarische Weinexport geht in den letzten Jahren fast ausschließlich nach Österreich. Von den exportierten Waren gingen:

	Meterzentner	
	1902	1905
Nach Österreich und Triest .	653410	769520
= Bosnien	17400	19550
= Deutschland	29500	15140
= Schweiz	3280	4033
= Rußland	2657	1411
= Vereinigte Staaten . .	843	829

Dagegen stellt Österreich gegen ⁴/₆—⁵/₆ der Ausfuhr des gemeinsamen Zollgebietes, die in der Zeit von 1897—1905 zwischen 117 und 118000 mz schwankt und in den letzten Jahren etwa zur Hälfte nach Deutschland geht. Drängt Österreich den ungarischen Wein zurück, so wird sich jedenfalls auch der Export Österreichs vermindern, derjenige Ungarns nach Deutschland sich heben. Auf dem deutschen Markt werden außer Tokaier ungarische leichte Sandweine immer noch Platz finden. Der Erfolg wird bei Anbahnung von direkten persönlichen Beziehungen nicht ausbleiben. Würde es sich allerdings um eine vollständige Verdrängung vom österreichischen Markt handeln, so würde die Frage der Unterbringung von 600 bis 700000 mz Wein eine sorgenvolle sein. Der deutsche Markt wird ausweislich nachstehnder Übersicht über die Verteilung seiner Einfuhr mit rund 50% seines Einfuhrbedarfes von Frankreich beherrscht, während die Beteiligung Österreich-Ungarns 1890—1895 von 18 auf etwa 9 % zugunsten Italiens und Spaniens zurückging. Spanien stellt seit 1902 fast das Doppelte von dem Quantum Österreich-Ungarns. Österreich könnte aber gar kein Interesse daran haben, dem ungarischen Wein unüberwindliche Schranken entgegenzusetzen; denn wenn auch Ungarn in der Zolltarifklasse XIII „Getränke" für etwa 10—12 Mill. K nach Österreich auf Konto des Weines mehr ausführt, so würde Österreichs Ausfuhr nach Ungarn, abgesehn von Bier, in hochwertigen Fertigfabrikaten, Likör, Rum, Arak usw., getroffen werden.

(Siehe die Tabelle auf der folgenden Seite.)

Hinzu kommen bei der deutschen Einfuhr noch für 4—5 Mill. Mk. Schaumwein und 1,8—2 Mill. Mk. Wein in Flaschen, fast ausschließlich aus Frankreich.

Von grundlegender Wichtigkeit wäre die Rückwirkung der Zolltrennung auf Ungarns Viehexport. Die Gemeinsamkeit des Wirtschaftsgebietes läßt das Vieh nicht nur ohne Zollschranke passieren, sondern sichert ihm auf Grund bestehender Bestimmungen in veterinärpolizeilicher Beziehung im großen und ganzen dieselbe Behandlung wie dem Vieh des eignen Staates. Im Vergleich zu dem Viehseuchenübereinkommen Österreich-Ungarns mit Deutschland resp. Italien genießt hier Ungarn im Verkehr mit Österreich bedeutende Vorteile,

Die Verteilung der deutschen Weineinfuhr gestaltete sich folgendermaßen:

Wein und Most in Fässern:

Einfuhr:	1890	1894	1898	1901	1902	1903	1904	1905
Gesamtmenge in Quart.	708 022	612 465	567 997	628 042	605 683	589 182	557 200	624 600
Gesamtwert in Millionen Mark	37,8	32,81	32,01	32,3	32,12	33,7	31,8	33,9
Davon aus:								
Österreich-Ungarn	137 515	82 886	68 094	68 009	59 876	58 835	58 200	58 000
Frankreich	320 352	325 337	282 995	328 301	317 755	295 567	167 500	323 000
Italien	99 556	55 309	40 768	30 306	24 688	25 001	23 000	22 400
Griechenland	7 995	9 548	12 495	13 519	14 845	17 234	—	—
Portugal	32 041	29 240	30 928	26 847	24 743	23 631	21 600	22 500
Spanien	75 931	80 026	84 637	99 522	101 744	106 341	102 900	109 400
Türkei	3 966	17 110	29 620	40 986	39 656	40 936	40 600	422

Roter Wein zum Verschneiden:

Einfuhr:	1894	1898	1901	1902	1903
Gesamtmenge in Quart.	86 671	107 029	124 373	114 490	121 786
Gesamtwert in Mark	2 759 000	2 896 000	2 808 000	2 632 000	3 415 000
Davon aus:					
Österreich-Ungarn	4 734	4 270	4 082	2 580	2 686
Frankreich	4 522	18 041	11 387	9 174	6 610
Italien	52 414	74 899	24 287	15 936	17 660
Griechenland	2 058	3 568	5 450	6 083	10 205
Spanien	22 514	—	74 757	75 304	67 435

denn in den genannten Konventionen ist sowohl der Kreis der Krankheiten, welcher zur Grenzsperre berechtigt, größer, und selbst die zulässigen teilweisen Einfuhrverbote umfassen bedeutend größre Sperrgebiete. Das Viehseuchenübereinkommen des neuen Ausgleiches bringt zwar einige abändernde Bestimmungen, welche gegenüber dem bisherigen Zustande als Erschwerungen angesehn werden können. Insbesondre würde es in Zukunft möglich werden, in Fällen gefahrdrohnden Auftretens der Maul- und Klauenseuche für den Verkehr mit Nutz- und Zuchttieren eine Präventivsperre anzuordnen. Es wird aber angenommen, daß bei loyaler Handhabung des Übereinkommens, wozu sich beide Regierungen verpflichtet haben, der Verkehr mit Tieren vor unbegründeten Schwierigkeiten bewahrt werde. Die in dem freien Viehverkehr liegenden Vorteile, die an sich auf Gegenseitigkeit beruhn, wirken immerhin als einseitige Vorteile Ungarns, da Österreichs Viehverkehr nach Ungarn im Werte von 2—4 Mill. K gegen 200 Mill. K aus Ungarn nicht ins Gewicht fällt. Unter diesen Umständen muß die Frage, ob und inwieweit auf deutschem Markt Ersatz erhofft werden kann, wenn Ungarn seine sowohl nach Umfang wie nach Rentabilität und Sicherheit hervorragende Position auf österreichischem Markt aufgibt, an entscheidender Bedeutung gewinnen.

Die Entwicklungstendenzen des deutschen Viehstandes und des Außenhandels in Vieh und die sich daraus ergebenden handelspolitischen Konsequenzen sind in Umrissen folgende.

Deutschland hat seit Jahren eine bedeutende Mehreinfuhr an Pferden:

	Einfuhr		Ausfuhr	
	Stück	Mill. Mk.	Stück	Mill. Mk.
1892—1896	87 565	64,4	8 824	9,02
1897—1900	118 068	85,7	9 563	10,05
1901—1905	116 372	91,7	10 940	6,6

Mehreinfuhr 1892—1896   78 741 Stück im Werte von 55,4 Mill. Mk.
   »   1896—1900 108 505   » » » » 75,7 » »
   »   1901—1905 135 432   » » » » 85,1 » »

Mit geringen Schwankungen zeigt hiernach die Mehreinfuhr Deutschlands eine ständige Aufwärtsbewegung. Seit 1890 fällt hierbei die Anteilnahme Österreich-Ungarns relativ zugunsten Rußlands, Belgiens, Dänemarks und der Niederlande. Aus Rußland kommen über 50% der leichten Arbeitspferde, aus Belgien und

Dänemark etwa 60—80 % der schweren Arbeitspferde. Wenn auch Österreich = Ungarns Ausfuhr nach Deutschland absolut stieg, seit 1890—1905 mit Schwankungen von 7000 auf 26 000 Stück, woran Ungarn mit 426—4300 Stück beteiligt ist, so haben beide Staaten jedenfalls einen schweren Kampf gegen die übrigen Konkurrenzländer zu bestehn.

Deutschland hat alles Bemühn darauf zu richten, die schweren Einbußen, welche die deutsche Pferdezucht erlitten hat, allmählich wieder rückgängig zu machen, und die rund 100 Mill. Mk., die jetzt jährlich ans Ausland für Deckung des Pferdebedarfes abfließen, dem Nationalvermögen zu erhalten. Deutschland muß umsomehr auf Beherrschung des Inlandmarktes bedacht sein, als auch die Konkurrenz der Vereinigten Staaten, die 1887/88 noch ein bedeutendes Pferdeimportland waren, welches über 62 000 Stück einführte, in den letzten Jahren aber schon über 400 000 Stück nach Europa sendete, dazu beigetragen hat, die Absatzverhältnisse Deutschlands zu verschlechtern. Kanadische und argentinische Zufuhren werden zur weitern Verschlechterung der deutschen Absatzverhältnisse beitragen.

Absolut zeigt der deutsche Pferdestand eine Zunahme von 3,3 Mill. Stück im Jahre 1873 auf 4,3 Mill. im Jahre 1904, so daß sich wohl erwarten läßt, es werde den deutscherseits wesentlich erhöhten autonomen und Vertragszöllen gelingen, die bisherige Mehreinfuhr Deutschlands einzuschränken. Dieses Ziel wird in Deutschland, wenn auch hier und da einzelne gewerbliche Interessen entgegenstehn mögen, umsomehr als berechtigt anerkannt, als grade ein Pferdezoll am leichtesten von der Gesamtheit getragen wird.

Nach allem ist bis auf weitres nicht vorauszusehen, daß sich die Situation zollpolitisch einseitig zugunsten Österreichs oder Ungarns ändern wird, umsoweniger, als sich neben Rußland auch Belgien, Dänemark und Frankreich als Konkurrenten befinden. Bevor es aber Deutschland gelingen wird, sich vom Ausland unabhängig zu machen, dürften noch Dezennien vergehn, und inzwischen werden Österreich und Ungarn beide bedeutende Überschüsse auf den deutschen Markt bringen können, je mehr und je besser sie die Verbindung mit den deutschen Händlern usw. herzustellen wissen. Es kann also jedenfalls auch nicht die Möglichkeit bestritten werden, daß es Ungarn, wenigstens noch in absehbarer Zeit, gelingen würde, einen Teil seines vom österreichischen Markt abgedrängten Exportes dem deutschen Bedarf zuzuführen.

Ungünstig liegen auch die Verhältnisse bei der deutschen Schaf=
zucht. Schon der konstante Rückgang in der Zahl, den jede Vieh=
zählung dartut — nach der deutschen Viehzählung von 1873: 24,9,
1892: 13,6, 1900: 9,7, 1904: 7,9 Mill. Stück —, läßt unzweifel=
haft erkennen, daß es sich um einen dauernden Niedergang eines
ehedem hochrentabeln Zweiges der deutschen Landwirtschaft handelt.
In der Mitte des 19. Jahrhunderts nahm die auf Nutzung der
Wolle gegründete deutsche Wollschafzucht den ersten Rang auf der
Erde ein. Das Eindringen der überseeischen Wolle zwang den deut=
schen Landwirt zum Übergang zur Fleischschafzucht. Großes wurde
hierin geleistet. Jahrelang wurde ein bedeutender Überschuß von
Fleischtieren insbesondre an Frankreich und Großbritannien abgegeben.
Seitdem aber Algier und Tunis immer mehr den französischen Markt
und die englischen Kolonien das Mutterland versorgen, bewegt sich
die deutsche Ausfuhr in vollem Rückgang. Die Mehrausfuhr Deutsch=
lands betrug:

```
1890   306 128 Stück im Werte von 12,5 Mill. Mk.
1900   146 209    =    =    =     4,3    =   =
1905    75 702    =    =    =     3,3    =   =
```

Deutschland nähert sich also immer mehr der Zeit, in welcher
es das Ausland zur Deckung seines Bedarfes an Schafvieh heran=
ziehn wird. Wenn nun auch Österreich=Ungarn das Schicksal Deutsch=
lands teilt, so sollte man doch angesichts der Erfolge, welche die
deutsche Schafzucht noch in den letzten Jahrzehnten trotz der Be=
völkrungsdichtigkeit, trotz überseeischer Konkurrenz und trotz ziemlich
schrankenlos gestatteter Einfuhr an Schafvieh erzielt hat, annehmen,
daß wenigstens Ungarn vorerst noch in der Lage wäre, reichlichen
Anteil an der Deckung des deutschen Bedarfs zu nehmen, solange
hier nicht die deutschen Schutzgebiete eintreten.

Der Außenhandel Deutschlands in Schweinen war namentlich
in den siebziger Jahren sehr bedeutend. In den Jahren 1875/79
wurden rund eine Million Schweine (außer Spanferkel) eingeführt
und 3—400 000 ausgeführt. Die Einfuhr ist seitdem ständig zurück=
gegangen und erreicht nur noch 1892 und 1893 rund 800 000 Stück,
während die Ausfuhr sich in neurer Zeit auf 4—8000 Stück be=
schränkt. Die Einfuhr beträgt 1900—1905 ca. 70 000 Stück jähr=
lich, fast ausschließlich aus Rußland kommend. Die großen Schwan=
kungen in der Einfuhr hängen natürlich mit der Grenzsperre zusammen,
zu der sich Deutschland aus seuchenpolizeilichen Gründen gezwungen

sah. Ob nun jemals jene für Österreich-Ungarn so wertvolle Zeit wiederkehren wird, in welcher es wie in den neunziger Jahren 40% des deutschen Bedarfs deckte, dahin 400 000 Stück im Werte von 40 Mill. Mk. ausführte, läßt sich nicht vorhersagen. Mit Bestimmtheit liegt aber diese Zeit in weiter Ferne. Ganz abgesehn von der Gesundung, welche der Schweinestand in Österreich und Ungarn selbst noch durchzumachen hat, dürfte die deutsche Handelspolitik bis auf weiteres an dem System der erhöhten Zölle und der Kontingentierung festhalten. Durch den Handelsvertrag vom 1. März 1906 wurde vereinbart, daß auch dann, wenn die Einfuhr von Schweinen nach dem Deutschen Reich verboten ist, jährlich gesunde Schweine im Höchstausmaß von 80 000 Stück aus Österreich-Ungarn zur alsbaldigen Abschlachtung nach gewissen an der bayrischen und sächsischen Grenze gelegnen Schlachthäusern zugelassen werden. So sehr auch bei den Getreidezöllen die Meinungen der deutschen Publizisten und politischen Parteien auseinandergehn, so herrscht doch nur eine geringe Meinungsverschiedenheit darüber, daß Deutschland sehr wohl in der Lage ist, seinen Schweinebedarf zu decken. In richtiger Erkenntnis dieser Sachlage sind den deutschen Regierungen grundsätzlich die Wege gewiesen, wenn auch in Zeiten der Fleischteurung, deren Ursachen auf ganz anderm als handelspolitischem Gebiete liegen, Abweichungen hiervon mehr oder weniger berechtigt sein mögen. Der deutsche Schweinestand macht dauernd großartige Fortschritte, wie u. a. auch die Viehzählungen beweisen, 1873: 7,1 Mill. Stück, 1883: 9,2 Mill. Stück, 1892: 12,2 Mill. Stück, 1897: 14,3 Mill. Stück, 1900: 16,8 Mill. Stück, 1904: 19,9 Mill. Stück. Preußen allein zählte 1904: 12,5 Mill., und nach dem vorläufigen Ergebnis der Viehzählung vom 1. Dezember 1906 war eine weitere Steigerung in Preußen von 19,9% gegen 1904 zu verzeichnen, ein Resultat, das landwirtschaftliche Sachverständige als glänzend bezeichnen, da auch das Schlachtgewicht sich steigerte, die relative Steigerung im Verhältnis zur Bevölkerungszunahme stand, so daß sich trotz verringerter Zufuhr der Konsum steigern konnte. Mögen auch die Folgen der Futternotjahre von 1904 und die dadurch herbeigeführte Fleischteurung hier und da kleine Schwankungen im Konsum gebracht haben, ganz wie in Österreich und Ungarn selbst, so kann doch niemand bestreiten, daß auch in bezug auf den Konsum von Schweinefleisch die deutschen Arbeitermassen mit am besten genährt sind. Das Interesse an der Erhaltung und Förderung des Schweinestandes durch möglichste handelspolitische Rigorosität wird ungeachtet einseitiger

— 44 —

Auffassungen, die zu andern Resultaten kommen, ohne Zweifel ein allgemeines werden, je mehr man sich vergegenwärtigt, was es heißt, daß von den 19 Mill. Schweinen 72% im Besitz von Kleinbauern und Arbeitern, 19% von Mittelbauern, nur 5% im Besitz des Großgrundbesitzes sich befinden. Wollte also das selbständige Zollgebiet Ungarn auch mit vollen Händen der deutschen Industrie Vorteile bieten, so dürfte sich dennoch die deutsche Handelspolitik nicht in der Lage sehn, irgendwelche erhebliche Nachlässe von den eingeführten Zollerhöhungen und dem bisher festgehaltnen rigorosen veterinärpolizeilichen Standpunkte zu gewähren.

Von besonderm Belang ist die Ersatzfrage für Verluste im Rinderexport.

Die Ausfuhr Ungarns nach Österreich betrug:
im Jahresdurchschnitt
1885—1891 Ochsen 125 804 Stück im Werte von 54,3 Mill. K
1891—1901   =   165 670   =   =   =   64,4   =
1901—1905   =   193 040   =   =   =   85,05 =

Stiere 1722 bezw. 9701 bezw. 22 043 Stück im Werte von
         0,6   =   3,11   =   8,15 Mill. K.
Kühe   5056 - 20 736   = 42 119 Stück im Werte von
         1,28 =   5,52   = 11,95 Mill. K.

Jungvieh über ein Jahr durchschnittlich 1904/05: 19 206 Stück im Werte von 4,2 Mill. K.

Kälber bis zu einem Jahr 1904/05: 23 823 Stück im Werte von 1,4 Mill. K. Der Gesamtwert der Ausfuhr Österreichs in den bezeichneten Schlachttieren beträgt 1904—1905 nur einige Tausend im Werte von 1—2 Mill. K. Ungarns Ausfuhr nach Österreich zeigt also nach vorstehnder Übersicht einen ständigen Aufschwung und stellt durchschnittlich 1901/05 einen Wert von rund 110 Mill. K dar. Der relative Anteil Österreichs stellt, auch wenn er seit 1893 von 94% fast dauernd zurückgeht, immer noch ca. 83% der ungarischen Ausfuhr dar. In derselben Zeit stieg Deutschlands Anteil im gesamten ungarischen Rinderexport von 4 auf 10 bezw. 13%, d. h. Deutschland nahm durchschnittlich 1894/1899: 22 345, 1900/1905: 46 672 Stück Rindvieh aus Ungarn auf (ohne Kälber). Aus Österreich-Ungarn bezog Deutschland nach deutscher Statistik im Jahresdurchschnitt 1902/05 über 80 000 Stück Ochsen im Werte von 50 Mill. Mk., über 67 000 Kühe im Werte von 23 Mill. Mk., 61 000 Stück Jungvieh im Werte von 14,3 Mill. Mk. In der gemeinsamen Rindviehausfuhr Österreich-Ungarns nach Deutschland stellt Österreich etwa 70 %, Ungarn 30 %, im Ochsenexport aber Ungarn etwa 50 %. Die Zollinie gegenüber Ungarn würde ohne Zweifel die ungarischen Importe nach Österreich verringern, aber auch Österreichs Export würde sich behufs Deckung des eignen Bedarfs vorerst entsprechend vermindern, insoweit nicht nach der natürlichen Lage einzelner österreichischer Ländergebiete der Export nach Deutschland rentabler bleibt als die Verwendung für den Inlandmarkt. Ist Österreich im gemeinsamen Zollverbande bisher etwa mit 20 % seines Rindviehbedarfs von Ungarn abhängig, wenn man das von Österreich bisher exportierte Quantum außer Berechnung läßt, so würde der Zollschutz gegenüber Ungarn jedenfalls dazu beitragen, Österreich mehr und mehr unabhängig zu machen und möglicherweise die Viehproduktion so lohnend zu gestalten, daß Österreich nicht nur seine derzeitige Exportfähigkeit auf die Dauer behält, sondern vielleicht noch steigert. Das Eintreten Ungarns an Stelle von Österreich auf dem deutschen Markt hätte also mutmaßlich nur den Charakter einer vorübergehenden Erscheinung. Es ist weiter zu erwägen, daß Österreich-Ungarn auf deutschem Markt einem starken Wettbewerb aus Dänemark und der Schweiz begegnet, bedeutend namentlich in Jungvieh, 1905 aus Dänemark 48 952, aus Österreich-Ungarn 54 318 Stück, und in Kühen, aus Dänemark 62 866, Schweiz 13 611, Österreich-Ungarn 51 523. Auch die Exportfähigkeit der Niederlande, namentlich in Milchkühen, ist in Rechnung zu ziehn.

Es ist weiter zu berücksichtigen, daß Deutschlands Abhängigkeit vom Auslande im Rindviehbedarf relativ gering ist, die Einfuhr 3—5 % des Bedarfs ausmacht, wobei der Konsum in Rindfleisch jeden Vergleich mit dem Ausland aushält. Der deutsche Rindviehstand befindet sich anhaltend in einer hocherfreulichen Entwicklung, sowohl in der Zunahme der Zahlen nach den amtlichen Zählungen des Deutschen Reichs, wie nach den Gewichtsfeststellungen.

1893: 15 786 764   1892: 17 555 834
1897: 18 490 772   1900: 18 939 692
1904: 19 331 568.

Bei dieser geringen Abhängigkeit vom Auslande und der anerkannten qualitativen Leistung der Fleischproduktion muß angenommen werden, daß der Zoll den allgemeinen Konsum nicht übermäßig belastet. Es ist daher mit Sicherheit zu erwarten, daß die deutsche Handelspolitik alles Bestreben auch ferner darauf richten wird, die Abhängigkeit wenigstens relativ niedrig zu halten, so daß an dem neuerdings festgesetzten Ausmaß der Zölle in absehbarer Zeit mindestens festgehalten werden dürfte.

Man kann sich daher der Auffassung nicht verschließen, daß Ungarn bei Errichtung einer Zwischenzollinie gegen Österreich sicher Verluste im Rinderexport bevorstehn würden, ohne daß Deutschland auf die Dauer in der Lage wäre, einen den Bedürfnissen der ungarischen Volkswirtschaft in Umfang, Sicherheit und Rentabilität auch nur annähernd entsprechenden Ersatz zu bieten.

Ganz besondre Verlustchancen eröffnen sich aber für Ungarn dadurch, daß es durch die Zolltrennung die Sicherheit seines freien Viehverkehrs nicht nur gegenüber Österreich verlieren kann. Auch die Wiederkehr eines Viehseuchenübereinkommens mit dem Deutschen Reich wird durch eine Zolltrennung, namentlich in bezug auf Ungarn, in die Ferne gerückt, wenn auch im Interesse des Ausbaues der freundnachbarlichen Beziehungen zu wünschen wäre, daß die Erfahrungen, die mit dem Übereinkommen gemacht werden, ein Anrecht auf Aufrechterhaltung und Fortentwicklung desselben geben. Wenn auch die Fortschritte im Gebiete des Veterinärwesens in Ungarn Anspruch darauf hätten, mit denen in Österreich durchaus gleichwertig eingeschätzt zu werden, so liegt es doch in der Natur der Sache, daß einem selbständigen Zollgebiet Ungarn seitens der deutschen Landwirte mit einer größern Reserve begegnet wird. Der Ansturm aus Ungarn ist ungleich größer als aus Österreich, das im Grunde unter Berücksichtigung des Importes aus Ungarn vorläufig selbst als Viehimportstaat erscheint, abgesehn von der aktiven Handelsbilanz im Außenhandel mit Pferden. Da mit Errichtung der Zollschranke gegen Österreich der Ansturm aus Ungarn ganz besonders die Tendenz haben würde, zu steigen, so erscheint es natürlich der deutschen Landwirtschaft und den ihre Interessen speziell vertretenden Parteien besonders zwingend, gegen Ungarn rigorosre Maßnahmen zu vertreten. Auch die deutschen Regierungen befänden sich, selbst wenn sie den an sich berechtigten Wünschen der Landwirte im Ausgleich mit andern Interessen ein weniger williges Ohr schenken wollten, in einer Zwangslage. Bekanntlich hat schon bei der Verhandlung des letzten Handelsvertrages Rußland die Beseitigung der veterinärpolizeilichen Verbote der Einfuhr von lebendem Vieh, von Fleisch und sonstigen tierischen Erzeugnissen als eine Voraussetzung für die Erneuerung des Handelsvertrages bezeichnet. Es würde also bei einer spätern Verhandlung mit Rußland schwer halten, für Ungarn eine Ausnahmestellung in Anspruch zu nehmen, nachdem der Hinweis auf die unmittelbaren nachbarlichen Beziehungen und den Ausnahmebedarf der süddeutschen Industriegegenden bei der Lösung des gemeinsamen Zollgebietes mit Rücksicht auf Ungarn entfällt, denn auch Rußland wird in Zukunft sich in der Lage sehn, die Fortschritte seines Veterinärwesens noch mehr zu betonen als bisher. Es können auch Rücksichten auf die deutsche Industrie in absehbarer Zeit die Notwendigkeit von Zugeständnissen größrer Kontingente der Vieheinfuhr erweisen, und Ungarn begibt sich durch Errichtung der Zollschranke der sichern Aussicht einer vorteilhaften Beteiligung.

Auch der fernsten Zukunft wäre bei dem epochemachenden Ereignis der Errichtung der Zollschranke zu denken. Mag es bei den hervorragenden Fortschritten der deutschen Viehzucht in absehbarer Zeit gelingen, den bisher schon geringen relativen Bedarf noch weiter einzuschränken, wobei übrigens bei dem steigenden Konsum Deutschlands für eine ergiebige Anteilnahme Österreichs und Ungarns immer noch Platz bliebe, so muß doch für Deutschland die Zeit kommen, in welcher die Deckung durch Eigenproduktion relativ, wenn auch ganz allmählich, rückwärts schreitet, vorausgesetzt, daß die deutsche Bevölkrungsvermehrung im bisherigen Tempo vonstatten geht. Ist letztres der Fall, so hätte Deutschland im Jahre 1920: 74,6, 1940: 98,6, 1950: 113,3 Mill. Einwohner.

Die Stückzahl des Viehes, die bei einem intensiven landwirtschaftlichen Betriebe noch rentabel gehalten werden kann, hat ihre Grenzen. Es wird auf deutscher Seite von einer intensiven landwirtschaftlichen Kultur angenommen, daß auf einen ha $1^{1}/_{4}$ Stück Großvieh zu 500 kg gehalten werden kann, daß also 625 kg Vieh auf einem ha bei intensiver Wirtschaft ernährt werden können. Wenn also gelegentlich der ersten Lesung des deutschen Zolltarifentwurfs Graf Posadowsky konstatierte, daß die deutsche Viehzucht von 1883 bis 1897 von 275 kg pro ha auf 325 kg gestiegen sei, und hieraus die Folgrung ziehen durfte, daß 1897 noch 300 kg fehlten, also für absehbare Zeit die deutsche Landwirtschaft technisch in der Lage sei, den Fleischbedarf des deutschen Volkes zu decken, so muß doch mit der Bevölkrungsvermehrung die Zeit relativ größrer Abhängigkeit vom Ausland nahen, denn mit 1907 dürfte die deutsche Viehzucht schon etwa 400 kg per ha darstellen. Ungarn gefährdet also mit Errichtung der Zollinie die größten Gewinnchancen, die wenigstens in ferner Zukunft speziell auch auf deutschem Markt liegen. Nur die Gemeinsamkeit des Wirtschaftsgebietes sichert die Durchfuhr durch Österreich von Vieh und Fleisch nach nördlichen und westlichen Absatzgebieten (Schweiz) unter vorteilhaften Bedingungen.

Gegenüber den großen positiven Verlustmöglichkeiten und dem Entgang sicherer Gewinne, die in der künftigen Entwicklung der ungarischen Volkswirtschaft dem gemeinsamen Zollgebiet zugeflossen wären, fallen einige Gewinnchancen, die noch erwähnt seien, nicht schwer ins Gewicht. Der deutsche Markt würde z. B. auch für Schädigung im Geflügelexport nach Österreich — wohin Ungarn 1901—1905 durchschnittlich an geschlachtetem Geflügel 86934 mz im Werte von 9,9 Mill. K, an lebendem Geflügel 4,3 Mill. Stück im Werte von 4,7 Mill. K ausführte — vorläufig einigen Ersatz bieten. Lebende Gänse empfing Deutschland 1899—1905 6—8 Mill. Stück jährlich im Werte von 19—27 Mill. Mk., ca. 15% aus Österreich-Ungarn, 80% aus Rußland, den Rest aus Italien. Bei lebenden Hühnern hat sich bisher Österreich-Ungarn — d. h. hier wieder wesentlich Ungarn, das nach Deutschland fast ebensoviel lebendes Geflügel ausführt als nach Österreich — gegenüber Rußland und Italien mit etwa 50% Anteil behauptet. Deutschlands Gesamteinfuhr bewertete sich 1898—1905 auf 9—14 Mill. Mk. Annähernd dasselbe Verhältnis liegt vor bei geschlachtetem Federvieh, von dem Deutschland 1901—1905 jährlich rund 65 000 mz im Werte von 8,5 Mill. Mk. empfängt. Die Ausfuhr Ungarns nach Deutschland nahm bisher einen ständigen Aufschwung. Die Beschränkungen, welche den neuen deutschen Zollerhöhungen zuzuschreiben wären, würden sicher bis auf weiteres paralysiert durch die allgemeine Hebung der ungarischen Geflügelzucht, für welche alle Bedingungen vorhanden sein sollen. Ob aber ein Ersatz auf deutschem Markt von Bestand sein würde, wird sehr wesentlich davon abhängen, ob die Hoffnungen, welche die deutschen Landwirte an die Zollerhöhungen knüpfen, sich allmählich erfüllen, und ob die serbische Konkurrenz, die bis jetzt im Wege des ungarischen Zwischenhandels nach Deutschland liefert, mit letzterm direkte Verbindungen anknüpft. Die ungarischen Geflügelexporteure scheinen daher für die weitere Zukunft doch ein ernstliches Interesse an der Offenhaltung des österreichischen Marktes zu haben.

Günstiger liegt die Ersatzfrage für den ungarischen Eierexport. Deutschland zeigt in seinem Eierbedarf vorläufig eine fortschreitende, merkwürdige Abhängigkeit vom Zollausland. Die Eiereinfuhr stieg von 1890—1905 von 540 715 mz im Werte von 56 Mill. Mk. auf 1 307 370 mz im Werte von 121,3 Mill. Mk. Die Ausfuhr ist ganz gering. Eine ganze Reihe von Ländern steht hier in Wettbewerb. Rußland obenan, dann Österreich-Ungarn, Italien, Niederlande, Bulgarien, Rumänien, Serbien, Türkei usw., neuerdings sogar China. Wenn auch Österreich-Ungarns relative Anteilnahme in der Deckung des deutschen Bedarfs fiel — seit 1890 von 62% auf ca. 40% —, während Rußlands Beteiligung von ca. 30% auf 60% stieg, so ist der Export des gemeinsamen Zollgebietes nach Deutschland doch noch bedeutend, 1902—1905 durchschnittlich 470 340 mz im Werte von 42,9 Mill. Mk. (nach deutscher Statistik, die hier mit der österreichisch-ungarischen Statistik, welche auch die Ausfuhr russischer Durchgangsware durch Galizien mitberücksichtigt, um 30 Mill. Mk. differiert). Da in diesem Export allein ein Drittel bis ein Viertel enthalten ist, welches Ungarn direkt nach Deutschland versendet, ausweislich der Statistik über die Verteilung des ungarischen Eierexportes die relative Abhängigkeit von Österreich sich verringert, mit durchschnittlich 212 920 mz 1901—1905 kaum noch 50% beträgt und außerdem gegenwärtig ein namhafter Teil der nach Deutschland und England exportierten Eier ungarischer Provenienz über und durch Wien auf jene Auslandmärkte gelangt, so würde in der Tat Ungarn auf dem deutschen Markt sich schadlos halten können.

Ungarn exportierte Eier:

nach	Österreich	Deutschland	Schweiz	England
	Meterzentner			
1896	214 724	57 947	12 564	4 481
1900	226 503	153 875	10 203	27 592
1905	154 300	92 800	10 500	19 800

In der Butterversorgung Deutschlands tritt Österreich-Ungarn immer mehr zurück. Deutschland selbst hatte Anfang der neunziger Jahre noch eine Mehrausfuhr an Butter von einigen Tausenden mz im Werte von 3—5 Mill. Mk. An deutscher Butter gingen allein nach Großbritannien 1890—1896: 50—60 000 mz im Werte von 10—12 Mill. Mk. Seit 1897 beginnt ein vollkommner Umschwung. Die Ausfuhr nach Großbritannien fällt zugunsten Kanadas, Rußlands usw. immer mehr ab und ist im Durchschnitt 1901/05 kaum noch nennenswert.

Von Jahr zu Jahr steigert sich Deutschlands Mehreinfuhr in frischer oder gesalzner Butter:

```
1898        1900        1902        1905
67 561      131 917     136 681     352 400   Meterzentner
  8,1        19,7        22,02       70,0    Mill. Mark.
```

Die Einfuhr aus Österreich-Ungarn übertraf Anfang der neunziger Jahre noch bei weitem die Einfuhr aus Rußland und Niederlande, während letztre seit 1893, Rußland seit 1903 Österreich weit überholt haben, so daß die Verdopplung der Ausfuhr Österreich-Ungarns von 25 000 auf ca. 50 000 mz (1890—1903) für letztres nicht als tröstlich gelten kann. Seit 1903 fällt sogar die Ausfuhr Österreich-Ungarns nach Deutschland absolut von 8,2 auf 5,2, während das kleine Dänemark, das 1901 erst für 1,2 Mill. Mk. sandte, 1905 schon für 13,2 Mill. Mk. Butter auf den deutschen Markt bringt. Die Einfuhr aus den Niederlanden stieg von 1901—1905 von 8,8 auf 27,7, aus Rußland von 7,4 auf 23 Mill. Mk. Das Vordringen der russisch-sibirischen Butter auf dem deutschen Markt wird bis auf weiteres allem Anschein nach große Dimensionen annehmen. Die Fracht von Tomsk bis Riga 3,5 Mk. für 100 Pfund ist zu gering, und das Interesse für den Butterexport seitens der russischen Regierung zu groß, als daß die neue deutsche Zollerhöhung von 16 Mk. auf 20 Mk. per 100 kg eine wesentliche Einschränkung bewirken könnte. Es begegnet daher mindestens Zweifeln, ob Ungarn für Verluste des im Aufschwung begriffnen Butterexportes nach Österreich 1901—1905, jährlich für 4,3—8,6 Mill. K einen Ersatz auf deutschem Markt finden kann, wenn auch die Meinungen der ungarischen Fachkreise hinsichtlich der Aussichten auf deutschem Markt auseinanderzugehn scheinen. Nach dem Budapester Handelskammerbericht 1906 S. 97 besteht in Fachkreisen die Ansicht, daß trotz der Zollerhöhung in Primaware der Butterexport nach Deutschland, der in letzter Zeit nur einige Tausend mz betrug, gesteigert werden kann, namentlich wenn die Lieferanten die Anforderungen des deutschen Marktes berücksichtigen. Nach andrer Auffassung ist der Export, abgesehn vom Oster- und Weihnachtsgeschäft, lahmgelegt und zumeist nur noch mit Verlusten verbunden. Eine Beßrung ist nach dieser Ansicht erst wieder zu erwarten, wenn die ungarische Milchwirtschaft sich wie in Dänemark dahin entwickelt, daß sie die Nebenprodukte besser zu verwerten in der Lage ist.

Mögen sich nun auch nach mancher andern Richtung hin Ersatzmöglichkeiten auf deutschem Markt eröffnen, z. B. um wieder auf die Produkte des Landbaues zurückzukommen, in Hülsenfrüchten,

Gemüse, Obst, in andern noch nicht genannten Fettwaren — Schweinefett und Speck, insofern dies gegenüber der übermächtigen amerikanischen Konkurrenz möglich ist —, so dürften die vorgetragnen Verhältnisse des deutschen Marktes doch die Überzeugung an die Hand gegeben haben, daß sein Bedarf nur in sehr abgeschwächtem Maße für Einbußen der großen ungarischen Exporte auf österreichischem Markte Ersatz bieten kann. Die Zolltrennung gefährdet also unzweifelhaft die großen ungarischen Mehrausfuhren nach Österreich in Getreide, Hülsenfrüchten, Mehl und Mahlprodukten durchschnittlich 1904/05 im Werte von 373 Mill. K, in Gemüse, Obst usw. im Werte von 15 Mill. K, in Schlacht- und Zugvieh im Werte von rund 200 Mill. K, Exporte, bei welchen Ungarn das Glück hatte, die ganzen Produktionsüberschüsse im wesentlichen unabhängig von den Konjunkturen und nur in Schwankungen auf den österreichischen Markt zu bringen, welche in dem eignen ungarischen Ernteausfall begründet waren.

Die Vertreter des Zolltrennungsgedankens versuchen zwar, die ungarischen Landwirte unter anderm mit der Begründung zu beruhigen, daß nach Deutschland trotz der hohen Zölle Mehl, Getreide und Gerste im Werte von 30 Mill. K, Ochsen im Werte von 18 Mill. K usw. ausgeführt würden, also auch Ungarn die Zollschranken nach Österreich überwinden würde, da die Lebensmittelzölle in der Regel von den Konsumenten getragen würden. Derartige Schlußfolgerungen übersehn aber, daß es sich nicht um grundsätzliche Regeln handelt, welche den Güteraustausch der getrennten Zollgebiete bestimmen würden, sondern sie rechnen mit möglichen Fällen, die unter günstigen Bedingungen vielleicht eintreten werden. Die Bedingungen sind das Entscheidende.

Derartigen vermeintlich beruhigenden Auseinandersetzungen wird man aber vor allem entgegenhalten dürfen, daß zweifelsohne nicht entfernt klargestellt ist, in welchem Zusammenhang der Agrarexport nach Deutschland überhaupt, namentlich aber hinsichtlich Rentabilität, mit der bisher freien Absatzmöglichkeit nach Österreich steht.

Behält Österreich freie Hand in einer vollkommnen Zolltrennung, und zieht es andre Länder zur Deckung seines Agrarbedarfs heran, so verliert Ungarn seine Position auf österreichischem Markt genau so, wie sie relativ Österreich-Ungarn auf deutschem Markt verloren hat, wenn auch zum Teil die relativ geringer gewordne Anteilnahme

Österreich-Ungarns an der Deckung des deutschen Bedarfs in dem eignen Mehrbedarf zu suchen ist. Im Gegensatz zu Deutschland ist Österreich vorläufig noch lange nicht dauernd auf Getreideimport angewiesen, und der Getreidezoll gegenüber Ungarn würde dazu beitragen, die durchschnittliche Ertragsfähigkeit in Österreich zu heben, die im Vergleich zu Deutschland erheblich zurücksteht.

Der durchschnittliche Ernteertrag während des Zeitraums 1899 bis 1904 betrug in

Meterzentner pro Hektar

	Weizen	Roggen	Gerste	Hafer
Deutschland .	19,3	15,9	18,3	17,0
Österreich . .	12,4	11,4	12,4	9,3
Ungarn . . .	11,8	10,6	11,2	10,7

Die Differenz des österreichischen Ernteertrages pro ha im Vergleich zum deutschen, mit der Anbaufläche in Beziehung gebracht, zeigt für 1904 beispielsweise folgende Mindererträge:

bei Weizen: Anbaufläche 1 114 879 ha, Minderertrag 7 692 656 mz im Werte von 130,8 Mill. K,

bei Roggen: 1 926 401 ha Anbaufläche, Minderertrag 8 368 804 mz oder 138,7 Mill. K,

bei Hafer: 1 821 697 ha Anbaufläche, Minderertrag 14,39 Mill. mz im Werte von 230,3 Mill. K,

bei Gerste: 1 184 258 ha Anbaufläche, Ausfall 6 868 696 mz Gerste im Werte von 109,9 Mill. K.

Der Gesamtausfall bewertet sich bei diesen vier Halmfrüchten im Verhältnis zum deutschen Ertrage zusammen auf 600 Mill. K, unter Abzug von 50 % für Unkosten infolge intensiverer Kultur und für den Ankauf von künstlichen Düngemitteln, immer noch auf ca. 300 Mill. K.

Ähnlich große Ertragsdifferenzen bestehn bei Kartoffeln, Zucker, Rüben, Wiesenkulturen usw.

Nicht ohne Zusammenhang mit den Fortschritten der Intensität des Ackerbaues würde sich auch die Verselbständigung Österreichs in der Deckung des Mehl- und Fleischbedarfs vollziehn.

Abschnitt V.

Übersehn wir die mutmaßlichen Rückwirkungen der Zolltrennung auf die deutsch-österreichisch-ungarischen Handelsbeziehungen im Zusammenhang, so ergeben sich folgende Schlußfolgerungen. Im Falle der vollkommnen Zolltrennung, welche die bisherige Monopolstellung

Österreichs voll beseitigt, mögen zufolge des Meistbegünstigungsrechts dem deutschen Industrieexport größre Absatzmöglichkeiten auf ungarischem Markt bevorstehn als bisher, namentlich in Eisenwaren, Maschinen, Metallwaren und Edelmetallwaren, in chemischen Produkten, Papierwaren und in Textilien. Die der deutschen Industrie in Aussicht stehnden Absatzmöglichkeiten werden aber ihre Einschränkung erfahren. Einerseits sorgt dafür die mit der Zolltrennung eintretende potenzierte Industrialisierung Ungarns, wenn auch nicht zu verkennen ist, daß letzte wieder neue industrielle Bedürfnisse zeigt. Anderseits bürgt die der österreichischen Industrie innewohnende Kraft, ihr Kapital, ihr Unternehmungsgeist und die nach der Trennung sich naturnotwendig vollziehnde Aufmunterung und Zusammenfassung aller ideellen und materiellen Kräfte dafür, daß sich die österreichische Industrie den veränderten Verhältnissen wird anzupassen wissen.

Ersatz wird gesucht und gefunden werden, auf dem innern Markt und auf dritten Märkten. Die Ersatzfrage wird aber nur für einen Teil dringend werden, der bei weitem größre Teil des bisherigen Umfangs des Exports, wenn auch mit Veränderung des bisherigen innern Aufbaues, dürfte erhalten bleiben.

Mit fortschreitender, allgemeiner, volkswirtschaftlicher, von politischer Voreingenommenheit losgelöster Bildung, wird sich unter dem Druck der volkswirtschaftlichen Entwicklung immer mehr die Überzeugung Bahn brechen, daß für beide Nachbarstaaten eine absolute — nicht nur politische — sondern mit ihr im engsten Zusammenhang stehnde gegenseitige wirtschaftliche Unentbehrlichkeit besteht. Diese Überzeugung, gefördert durch das sichere Bindemittel langjähriger traditioneller Beziehungen wird bewirken, daß auch in alle Zukunft ein breiter Strom wirtschaftlicher Arbeitsprodukte von Nachbar zu Nachbar einströmt, ohne oder trotz Zollinie, bei gegenseitig freundlicher oder unfreundlicher Stimmung, und was den deutschen Handel anlangt, so besteht für ihn in absehbarer Zeit keine Notwendigkeit, sicher aber keine Neigung, eine der österreichischen Industrie unfreundliche Stimmung für sich auszunutzen. Das selbständige Zollgebiet Ungarn hätte aber alle Veranlassung, eine größre handelspolitische oder innerwirtschaftspolitische Animosität zu vermeiden. Die österreichische Zollinie begründet ein gefährliches Reaktionsmittel.

Die immer wieder ausgesprochne Grundauffassung, daß die österreichische Industrie unbedingt der ungarischen Rohprodukte bedarf, wird immer mehr widerlegt durch die Auslösung weltwirtschaft-

licher Beziehungen und die Entwicklung Rußlands und der Balkan=
staaten im speziellen.

Man wird einwenden: Die Österreicher kaufen anerkannt gut,
was sie an ungarischen Rohprodukten entnehmen, ohne Sentimenta=
lität werden die Ungarn ihre Industrieprodukte kaufen, dort wo sie
am besten und billigsten sind. Gewiß, mit Recht, aber die objektive
Würdigung der Tatsachen wird niemals die großen Fortschritte der
österreichischen Industrie verkennen, wird es ablehnen, Rückständig=
keiten auf einzelnen Gebieten, in einzelnen Zweigen, die gleicher=
maßen auch in Deutschland und England beobachtet werden, zu
generalisieren, als stabile Erscheinung hinzunehmen.

Die Beseitigung der Monopolstellung der österreichischen Industrie
durch eine vollkommene Zolltrennung mag nach mancher Richtung hin
die Fortschritte beschleunigen.

Die bedeutende Wertsteigerung des innern Marktes, welcher aller
Voraussetzung nach an die Ausdehnung des Schutzes der österreichi=
schen Landwirtschaft anknüpft, wird großen Teilen der österreichischen
Industrie nicht nur von Vorteil sein für den innern Absatz. Es ist
eine immer wiederkehrende Erfahrung, daß zwischen Aufnahmefähig=
keit des innern Marktes und Exportfähigkeit ein vielfältiger Zu=
sammenhang besteht. Die Wirkung dieser Verbindung muß unter
dem Schutze handelspolitischer Bewegungsfreiheit zum lebendigen
Ausdruck kommen durch gesteigerte Konkurrenzfähigkeit auf beiden
Märkten, also auch in Ungarn.

Wenn auch nicht zu verkennen ist, daß die Erhaltung des ge=
meinsamen freien Absatzgebietes für die österreichische — wie auch
immer mehr für die ungarische — Industrie ein nicht hoch genug
zu schätzendes Sicherheitsmoment ist gegenüber allen in ferner Zu=
kunft noch bevorstehenden wirtschaftlichen Wandlungen, so dürfte
außer Zweifel stehn, daß die österreichische Industrie reif und stark
genug ist, allen aus der Zolltrennung sich ergebenden Konsequenzen
im großen und ganzen zuversichtlich entgegenzublicken, wenn eben
Österreich sich in der vollkommenen Zolltrennung handelspolitische
Bewegungsfreiheit wahrt. Diese Zuversicht wird insbesondre auch
die österreichische Textilindustrie teilen können, auch wenn sie ge=
zwungen wird, mehr als bisher auf dritten Märkten Fuß zu fassen.

Das Fazit, welches aus den vorgetragnen an die vollkommne
Zolltrennung mutmaßlich anknüpfenden Handelsbewegungen in bezug

auf die Rückwirkungen auf deutsche Wirtschaftsinteressen gezogen werden darf, läßt sich in folgenden Grundzügen zusammenfassen:

Während Ungarn mit voller Macht darnach trachten muß, den heimischen Markt zu gewinnen, beherrscht Österreichs Industrie im großen und ganzen den Inlandmarkt und hat im Durchschnitt eine dichtre Bevölkerung, die auf höhrer Kulturstufe steht, die täglich neue Bedürfnisse zeitigt, welche sich zum Teil jetzt schon, in Zukunft noch mehr aus der Anlehnung an den Weltmarkt ergeben. Österreich muß daher für Deutschland als derjenige Markt gelten, dessen Aufnahmefähigkeit Stabilität, wenn nicht bedeutende Steigerung verspricht, für welche in den großen unmittelbaren nachbarlichen Beziehungen Bürgschaften vielfacher Art liegen.

Die Lösung des Zusammenhangs der bisherigen Aufnahmefähigkeit des österreichischen Markts mit dem freien ungarischen Absatzgebiet bringt Verschiebungen, die zum Teil eine verstärkte Sättigung des österreichischen Marktes durch die eigne Industrie, zum Teil eine verschärfte Konkurrenz auf dritten Märkten bedeuten.

Einzelne Zweige der österreichischen Industrie werden sogar mit verstärktem Druck nach Deutschland hineindrängen, z. B. einzelne Zweige der Textilindustrie, mit verdoppelter Anspannung werden die großen ungarischen Nahrungsmittelindustrien, hauptsächlich die Mühlenindustrie, den deutschen Markt aufsuchen.

Der deutschen Landwirtschaft würde ein größrer Konkurrenzdruck aus Ungarn bevorstehn, der um so größer wird, je mehr Österreich vorläufig dritte Länder heranzieht, oder je mehr der Anteil der österreichischen Landwirtschaft in der eignen Konsumbedeckung fortschreitet. Anderseits würde der mit Rücksicht auf Rußland mutmaßlich gebotne Ausschluß des selbständigen Zollgebiets Ungarn oder gar beider selbständiger Zollgebiete aus der Veterinärkonvention, oder eine Ausdehnung des Kontigentierungssystems auf die österreichische und ungarische Vieheinfuhr im allgemeinen der deutschen Viehzucht im erhöhten Grade den Inlandmarkt sichern.

In der weitern Zukunft, welche eine Aussicht auf große Bevölkrungsvermehrung bietet, kann es aus politischen und wirtschaftlichen Gründen für Deutschland nur wertvoll sein, in dem gemeinsamen österreich-ungarischen Wirtschaftsgebiet ein großes, stabiles, in veterinärer Beziehung auf der Höhe stehendes Zufuhrgebiet zu besitzen.

Nach vieler Richtung hin kann nicht in Zweifel gezogen werden, daß Ungarn durch die Zolltrennung hinsichtlich Umfang, Sicherheit und Rentabilität seines großen Agrarexportes sowohl nach Österreich wie nach Deutschland im Fall der Zolltrennung Nachteile gegenüber dem bisherigen Zustand eintauscht, daß die große exportierende Nahrungs- und Genußmittelindustrie unmittelbar in Mitleidenschaft gezogen wird, und auch in andern Industriezweigen, denen das innre ungarische Absatzgebiet in absehbarer Zeit notwendig zu klein werden muß, Licht und Luft des ausgedehnten gemeinsamen Zollgebiets entzogen werden. Man wird in der Annahme nicht fehlgehn, daß der zuungunsten der ungarischen Landwirtschaft eintretende Umschwung ebenso auch Rückwirkungen haben müßte auf die Aufnahmefähigkeit deutscher Industrieprodukte, wie die Entziehung des freien österreichischen Absatzmarkts für die ungarische Industrie. Es erscheint zweifelhaft, ob schon diesen Nachteilen gegenüber die Vorteile, die aus neuen industriellen Bedürfnissen Ungarns erwachsen, welche an die — durch die Zolltrennung beschleunigte — Industrialisierung und an die Beseitigung der österreichischen Monopolstellung anknüpfen, auf die Dauer einen ausreichenden Ersatz bieten können.

Alles in allem wird man den Satz aufstellen können, die vollkommne Zolltrennung bringt in die deutsch-österreichischen und in die deutsch-ungarischen Handelsbeziehungen im wesentlichen Verschiebungen, bei welchen die deutschen Handelsinteressen auf der einen — ungarischen — Seite voraussichtlich weniger gewinnen, als sie auf der andern — österreichischen — verlieren.

Die bisherigen Schlußfolgrungen setzen voraus, daß die weitre Entwicklung der Handelsbeziehungen der getrennten Zollgebiete sich in einem friedlichen Verhältnis vollzieht. Wenn aber die Selbständigkeit der getrennten Zollgebiete nicht nur zum Schein bestehn soll, so muß auch in Rechnung gezogen werden, daß handels- und zollpolitische, tarifpolitische Komplikationen zwischen beiden Staaten eintreten, in welchen vermeintlich berechtigte Interessen von der einen oder der andern Seite zur Geltung gebracht werden sollen.

Es ist klar, daß bei der Besonderheit der geographischen Lage Ungarns die Verbindung mit Deutschland auf die Verkehrsvermittlung durch das österreichische Gebiet angewiesen ist, da die Ausgangspforte Fiume für den Verkehr mit Deutschland nur eine geringe Rolle spielen kann. Die deutsch-ungarischen Handelsbeziehungen würden also mehr oder weniger in zoll- und handelspolitische Konflikte zwischen Österreich und Ungarn hineingezogen werden. Im Falle eines Zollkrieges beider Staaten wäre sogar mit einer Unterbindung des deutsch-ungarischen Verkehrs zu rechnen, insoweit derselbe nicht über Fiume, Rußland oder Rumänien gelenkt werden könnte. Die deutsch-ungarischen Handelsbeziehungen würden also in eine Art Abhängigkeit von dem politischen Verhältnis Ungarns zu Österreich und von dem sozusagen guten Willen Österreichs treten, ein Verhältnis, welches weder den deutsch-ungarischen noch den deutsch-österreichischen Handelsbeziehungen förderlich sein kann. An Stelle des für den Handel unentbehrlichen Momentes der Sicherheit und Stetigkeit, für welches die Gemeinsamkeit des österreichisch-ungarischen Zollgebietes die größte Gewähr bietet, trägt die Trennung in die Handelsbeziehungen der beteiligten drei Staaten eine gewisse Beunruhigung und Unsicherheit.

Auch wenn damit gerechnet werden könnte, es gelänge eine absolute Sicherstellung einer friedlichen Entwicklung der österreichisch-ungarischen Handelsbeziehungen trotz Zollinie, und es würden der deutschen Industrie aus der Trennung nicht nur Verschiebungen, sondern wirkliche Vorteile auf ungarischem Markt zuungunsten der österreichischen Industrie bevorstehen ohne Benachteiligung auf österreichischem Markt, bezw. dritten Märkten, so möchte trotz alledem in wohl verstandnen deutschen handelspolitischen Interessen das Ereignis der vollkommnen Zolltrennung nicht herbeigewünscht werden.

Mag auch hier dahingestellt bleiben, daß die Zolltrennung nach herrschender Auffassung eine Lockerung des politischen Verbands der großen alliierten Nachbarmonarchie bedeutet, ein Vorgang, den das deutsche politische Interesse niemals gleichgültig hinnehmen könnte —, so ist doch in ernste Erwägung zu ziehn, daß die Trennung eine Zersplitterung des handelspolitischen Prestiges der österreich-ungarischen Monarchie bedeutet.

Ein solches Ereignis beurteilt sich von seiten Deutschlands handelspolitisch nicht nach kaufmännischen Gesichtspunkten, nicht nach momentanen wirtschaftlichen Interessen.

Das lediglich formelle Zusammengehn der getrennten Zollgebiete Österreich und Ungarn von Fall zu Fall, hat wie alles Formelle, dem die eigentliche Seele fehlt, nicht entfernt die Kraft, um das gemeinsame Rüstzeug vorzubereiten, mit dem allen weltwirtschaftlichen Wandlungen kraftvoll begegnet werden kann. Nur das Ineinandergreifen tausendfältiger, auf gemeinsamem Boden erwachsner Lebensbeziehungen, die in ihren Konsequenzen wieder zwingende identische Bedürfnisse, gemeinsame innre und äußre wirtschaftspolitische Interessen zeitigen, gibt eine Garantie, daß alle Fundamente gefestigt werden gegenüber weltwirtschaftlichen Anstürmen — sei es von einem Panamerika aus, einem Größerbritannien, sei es von Rußland und Sibirien, von Japan und Ostasien.

Die Solidarität der Interessen Deutschlands und Österreich-Ungarns, welche die geographische Lage und die historischen Schicksale beiden Großstaaten in allen weltwirtschaftlichen Fragen und vor allen Dingen in allen Fragen der „Politik der offnen Tür" aufzwingt, wird kein Einsichtiger je in Zweifel ziehn.

Vom Standpunkt der bestmöglichen Sicherung der großen solidarischen Welthandelsinteressen kann also Deutschland ebenfalls nur wünschen, daß das handelspolitische Prestige Österreich-Ungarns nicht geschwächt, sondern ausgebaut und gefestigt werde.

Jede Schwächung des handelspolitischen Prestiges muß um so unerwünschter erscheinen, als beide Staaten nicht als geschlossne Nationalstaaten bastehn, in beiden das starke Bindemittel nationaler Zusammengehörigkeit entfällt, beide Staaten vielmehr eine Summe von Nationalitäten umschließen, deren politischer Widerstreit in der Gemeinsamkeit des Wirtschaftsgebiets und seines vielgestaltigen Lebens zum Segen des gemeinsamen Ganzen am ehesten und sichersten an Schärfe verliert.

Einige andre Grundgedanken legt die teilweise Zolltrennung nahe. Letztre liegt vor bei Aufrechterhaltung der Gemeinsamkeit des Zollgebiets nach außen und Errichtung einer Zwischenzollinie zwischen Österreich und Ungarn.

Bei der teilweisen Zolltrennung werden die Gefahren der Unterbindung des deutsch-ungarischen Verkehrs durch zollpolitische Komplikationen zwischen Österreich und Ungarn in die Ferne gerückt, wenn nicht ausgeschlossen.

Auch das handelspolitische Prestige Österreich-Ungarns bliebe gewahrt.

Die teilweise Zolltrennung geht aber von der Tendenz aus, dritte Länder, also auch Deutschland, von dem Genuß der Meistbegünstigung auszuschließen.

Man bewegt sich in Österreich, namentlich aber in Ungarn vielfach in der Gedankenrichtung: Österreich-Ungarn wird als Zollunion mit Deutschland verhandeln.

Es wird auf die Bestimmung des Zusatzvertrags zum Handelsvertrag zwischen dem Deutschen Reich und Österreich-Ungarn vom 25. Januar 1905 hingewiesen, nach welcher sich die vertragschließenden Teile jede dritten Staaten hinsichtlich des Betrags der Eingangsabgabe usw. eingeräumte Begünstigung ohne Gegenleistung einräumen, ausgenommen die von einem der vertragschließenden Teile durch eine schon abgeschloßne oder etwa künftighin abzuschließende Zolleinigung zugestandnen Begünstigungen.

Wie denken sich aber die Verfechter des Zolltrennungsgedankens in Ungarn die künftige Gestaltung des handelspolitischen Verhältnisses zu Deutschland!?

Wenn aus den Entwicklungstendenzen des deutschen Außenhandels auch der Schluß nahe liegt, daß Deutschland dem ungarischen Agrarexport für Verluste und entgehnde Gewinne keinen ausreichenden Ersatz bieten kann, so bleibt doch die Tatsache bestehn, daß, soweit sich eine Abbrängung vom österreichischen Markt vollzieht, der deutsche Markt aufgesucht wird. Der Zwang hierzu kann mehr oder weniger intensiv sich gestalten, je nach dem Verhältnis, welches sich tatsächlich zwischen beiden Staaten herausbilden wird. Deutschland würde also erstens hohen Zollschranken begegnen, die mittelbar mit der Zolltrennung im Zusammenhang stehn und zweitens gern als Ersatzgebiet angenommen werden.

Die praktische deutsche Handelspolitik würde also jedenfalls nach einigen Äquivalenten suchen müssen. Wünscht Ungarn in Deutschland das Recht der Meistbegünstigung, dann wird es auch Deutschland in Ungarn wünschen.

Ungarns Ausfuhren nach Großbritannien, Italien, Frankreich, Schweiz, Spanien, Belgien, Niederlande, Rußland, Rumänien und Serbien, betragen erst zusammen soviel wie die Ausfuhr nach Deutschland.

In der Ausfuhr Deutschlands nach Ungarn — 55—87 Mill. K. 1898—1905 — machen $^1/_4$ Rohmaterialien, vor allem Steinkohlen und Koks aus, welche selbst wieder zur Hebung der ungarischen Industrie dienen. Ungarn hingegen sendet hochwertige Landesprodukte, und zwar erscheint der Absatz nach Deutschland um dessenwillen besonders wertvoll, als ausweislich auch der ungarischen Fachberichte der deutsche Markt der Primaware offen steht, dem wertvollsten Schlachtvieh, dem feinsten Mehl, der besten Gerste, der Primaware in Geflügel, in Obst und Gemüse usw.

Die Ausfuhr Ungarns nach Deutschland liegt auch von dem Gesichtspunkt der für den Agrarstaat Ungarn wichtigen Frage der Handelsbilanz besonders günstig. Denn wenn man die Handelsbilanz Ungarns im Verkehr mit dem Zollausland (ohne Österreich) zieht, so ist es vor allem die Mehrausfuhr nach Deutschland, welche die Handelsbilanz aktiv gestaltet.

Ungarns Mehrausfuhr betrug:

	nach dem Zollausland insgesamt	nach Deutschland
1900	160,0 Mill. K.	86,7 Mill. K.
1901	116,3 = =	80,5 = =
1902	103,6 = =	90,2 = =
1903	98,7 = =	82,5 = =
1904	25,9 = =	57,6 = =
1905	42,1 = =	60,4 = =

Würde also Ungarn trotz seiner günstigen Position auf dem deutschen Markt der dentschen Industrie die Meistbegünstigung in bezug auf die an Österreich zu gewährenden Industriezölle entziehen, dann würden wohl Differenzzuschläge auf ungarische Landesprodukte nicht ausbleiben.

Abgesehn davon, daß die genannte Ausnahmebestimmung des Zusatzvertrages ganz andre Zielpunkte zum Gegenstand hat als das Verhältnis zwischen Österreich und Ungarn, so ist jedenfalls in keiner Weise zum Ausdruck gebracht, daß Deutschland auf die ihm notwendig erscheinende Rückendeckung verzichtet.

Allerdings begegnet hierbei Deutschland großen Schwierigkeiten an der Unterscheidung der ungarischen und österreichischen Provenienz, die sich leicht verwischen ließe, und es wäre nicht unmöglich, daß die Konsequenzen dieser Schwierigkeiten hineinspielen würden in die Verkehrsbeziehungen Deutschlands mit Österreich.

Österreich seinerseits wird den Ungarn nur dann minimale Agrarzölle und ein Viehseuchenübereinkommen bewilligen, wenn Ungarn mäßigen Industriezöllen gegenüber Österreich zugänglich ist. Der Preis dafür wäre die Hochspannung der Industriezölle nach außen, damit die bisherige Monopolstellung der österreichischen Industrie möglichst gewahrt bliebe.

Das handelspolitische Verhältnis zwischen Deutschland und Österreich-Ungarn würde also allem Anschein nach sich immer mehr in fortschreitender Absperrung bewegen, immer mehr den Charakter der Naturwidrigkeit annehmen. Dies kann unmöglich der Boden sein, auf welchem die beiderseitigen wirtschaftlichen und politischen Beziehungen sich dauernder Gesundheit erfreun.

Sicherlich stände auch eine Verschlechtrung der Beziehungen Österreich-Ungarns zu den übrigen Nachbarstaaten auf Kosten der österreichischen Industrie zu erwarten, insoweit die Sicherung der Monopolstellung Ungarns eine besondre Hochspannung der Agrarzölle mit sich bringt.

Diese unleidliche Perspektive verliert dadurch nicht an trübem Hintergrund, daß die teilweise Zolltrennung sich vielleicht vorläufig in anscheinend annehmbaren Formen einführt.

Hinzu kommt, daß dieses System bei einer derzeitigen Abhängigkeit Österreichs von Ungarn mit 25—30 % der Fleischnahrung, 30—40 % der Brotnahrung allem Anschein nach eine wesentliche Konsumentenbelastung bedeutet, die ja Ungarn von besonderm Vorteil sein könnte, während die Vorteile der österreichischen Landwirtschaft zu den Nachteilen der Konsumenten und der Industrie nicht im Verhältnis stehn würden.

Die Wertsteigrung des innern Marktes, die aus dem Schutz gegen ungarische Agrarprodukte resultiert, kann bei diesem System keine ausreichenden Äquivalente bieten, da die Steigrung der agrarischen Eigenproduktion doch eine Fülle von Produktionskosten mit sich bringt, die sich nicht auf den Bedarf von industriellen Produkten beziehn.

Deutschland hat das Glück gehabt, daß sich die Steigrung der Lebensmittelpreise in Zeiten beispiellosen Aufschwungs vollzog, während sich dieselbe Aussicht für Österreich nicht ohne weiters eröffnen würde.

Gleichzeitig eröffnet sich für Österreichs Industrie und Handel eine mehrseitige Abhängigkeit, einmal in Beziehung auf die Verhandlungen mit dem übrigen Zollausland, sodann bei der Reglung des gegenseitigen handelspolitischen Verhältnisses von speziellen ungarischen Industrie- und österreichischen Agrarinteressen. Die Situation der österreichischen Industrie wird hierbei eine wesentlich ungünstigere, da im Verhältnis zum Zollausland die Agrarinteressen Österreichs und Ungarns fast immer zusammen stehn werden.

Die Sorge, daß mit der Zwischenzollschranke, sei es, daß diese mit der Außenzollinie in Zusammenhang stehend oder als selbständig gedacht ist, die industrielle Produktion Österreichs und ihre Exportfähigkeit erschwert wird, liegt ernstlich nahe.

Die Besorgnisse müssen sich mit der Bevölkrungsvermehrung steigern, je dringlicher dieser gegenüber ein nahes großes Arbeitsfeld wird, das unberührt bleibt von allen zollpolitischen Machinationen des Zollauslands.

Schreitet die Bevölkrungsvermehrung im bisherigen Tempo fort, so hat Niederösterreich statt 3,08 Mill. Einwohnern im Jahre 1900 etwa 6 im Jahre 1930, 8 im Jahre 1950, Böhmen statt 6,3: 8,8 im Jahre 1950, Mähren statt 2,4: 3,9, Galizien statt 7,3: 12 Mill., im ganzen Österreich statt 26 Mill. Einwohner 1930: 35,8, 1950: 43,4 Mill.

Ungarn hingegen behält bei diesem System auch die großen Vorteile einer gesicherten Durchfuhr durch Österreich ohne besondre Gegenleistungen. Kann Österreichs Industrie nicht Gegenkompensationen fordern, und kann es jemals in dieses System willigen, bevor klarsteht, welche Wege sich für sie nach den gemeinsamen Okkupationsländern, nach Kroatien und Slavonien eröffnen? Bei der politischen Zugehörigkeit der letztern Länder zu Ungarn ist doch immerhin im Falle der Zolltrennung die Frage der zollpolitischen Selbständigkeit von Kroatien und Slavonien eine offne Frage, deren Entscheidung auf die Dauer nicht allein der Zeitungspolemik vorbehalten bliebe, denn auch das österreichische Parlament wird schon mit Rücksicht auf die wirtschaftliche Bewegungsfreiheit von Dalmatien an dieser Frage ein wesentliches Interesse zu nehmen haben.

Die teilweise Zolltrennung bringt wahrscheinlich auch noch die Folge mit sich, daß Deutschland in die Neuregelung seiner Handelsbeziehungen mit Österreich-Ungarn künftig erst wieder eintreten könnte, wenn die Bedingungen des neuen handelspolitischen Abkommens zwischen Österreich und Ungarn nach allen Richtungen klar liegen. Hierüber können unter Umständen Jahre vergehn, und es ist jedenfalls nicht ausgeschlossen, daß hierdurch die deutsch-österreichisch-ungarischen Handelsbeziehungen sehr nachteilig beeinflußt werden.

Die vollkommne Zolltrennung, der zufolge jeder der beteiligten drei Staaten freie Hand hat, müßte also auch von diesem Gesichtspunkte aus als das handelspolitisch vorzuziehnde Arrangement erscheinen.

Eine Gruppe der bisherigen deutsch-österreichisch-ungarischen Handelsbeziehungen dürfte unmittelbar berührt werden, sei es, daß eine vollkommne oder teilweise Zolltrennung eintritt, es ist der Zwischenhandel, der sich durch Vermittlung Österreichs im deutsch-ungarischen und ungarisch-deutschen Verkehr vollzieht. Es fehlen leider zuverlässige Unterlagen vollkommen, welche Umfang und Natur des Zwischenhandels beurteilen ließen. Der Zwischenhandel wird sich namentlich in den Fällen schwer bewerten lassen, in denen die deutsche Ware in Österreich erst einer weitern Verarbeitung entgegengeführt wird.

Die Anbahnung des direkten Verkehrs mag ja in vielen Fällen — sei es für Deutschland, sei es für Ungarn, sei es auch für Österreich — von unmittelbarem oder mittelbarem Vorteil sein. Mit der Umlenkung auf den direkten Verkehr nach Ungarn wird aber dem deutschen Interesse in vielen Fällen nicht gedient sein, denn die Zwischenhandelsware wird sich nicht ohne weiters aus dem bisherigen Zusammenhang der Bearbeitung in Österreich loslösen lassen, wertvolle alte kaufmännische Verbindungen werden entfallen, die selbst anzuknüpfen auf deutscher Seite vielleicht vorerst zu unlohnend, zu kostspielig, aus technischen Gründen nicht durchführbar wären usw.

Die Vertreter der Unabhängigkeitspartei diskutieren eine Einhebung von Zöllen gegenüber österreichischen Importen, die 50—30% der Außenzölle betragen sollen. Werden deutsche Waren, die via Österreich nach Ungarn gehn, nach einiger Verarbeitung, Ergänzung, Umpackung usw. nochmals den Zwischenzoll tragen können?

Mit den vorgetragnen Gedankengängen ist es vielleicht gelungen, die mutmaßlichen Einwirkungen einer Zolltrennung Österreich-Ungarns auf die deutsch-österreichisch-ungarischen Handelsbeziehungen zu skizzieren. Eine Entscheidung zur Sache sollte und konnte nicht getroffen werden. Soviel aber ist sicher, die Frage der Zolltrennung Österreich-Ungarns muß auch in Deutschland ernstlich geprüft und bearbeitet werden. Die Rückwirkungen der Zolltrennung, in welcher Form auch immer, müssen immer mehr klarliegen.

Die Rückwirkungen bedürfen umsomehr einer genauen Prüfung, als wichtige Zweige der deutschen Exportindustrie die Folgen der neuen tarifarischen Abmachungen mit Österreich-Ungarn als äußerst schädlich beurteilen, wenn auch vorläufig die Kürze der Erfahrungen bei weitem kein abschließendes Urteil gestattet; denn teils wurde der Bedarf vor Inkrafttreten der Verträge übermäßig gedeckt, teils ist das Ausland vorher noch abhängig.

Die Berliner Handelskammer berichtet z. B. Ende Dezember 1906, daß in der Tat die Ausfuhren nach Österreich-Ungarn in Silber-, Galanterie-, Bronzewaren, Kurzwaren, Schriftlettern, Albums, Hüten, Wollengarn, Seide, Sammet und Velvet, Maschinen für die Textilindustrie auf mehr oder minder große Schwierigkeiten gestoßen sind. Der Bericht von 1905 schreibt von den Verlusten der Strumpf- und Phantasiewarenbranche, des Tapetenhandels und betont den schweren Stand der deutschen Erzeugnisse gegenüber der österreichischen Wäschefabrikation, die neben erheblich geringern Arbeitslöhnen nur mit der Hälfte des deutschen Einfuhrzolles für irisches Leinen belastet ist. Der Export in Weißwaren soll zum Teil lahmgelegt sein. Hier sind neue Absatzmöglichkeiten aber um so wichtiger, als bei dem gegenwärtigen Umfang die Produktion auf die Ausfuhr eines großen Teiles angewiesen ist, wenn in der bisherigen Weise die vielen Arbeitskräfte beschäftigt werden sollen.

Zu demselben Resultat kommt der Bericht der Ältesten der Berliner Kaufmannschaft hinsichtlich der Strumpf- und Posamenteriewarenbranche, Linoleumindustrie, Hutfabrikation usw.

Nach dem Bericht der Leipziger Handelskammer 1906 hat der Handelsvertrag mit Österreich-Ungarn schädlich gewirkt auf die Armaturenfabrikation, auf die Herstellung von Spezialmaschinen für Leim- und Knochenpräparate, von Kerzengießmaschinen, auf die Ausfuhr von Schnellpressen, von Transmissionen, auf das Motorengeschäft, den Absatz von Pianoforten und Harmoniums, von Haus- und Küchengeräten. Direkt vernichtet sei die Ausfuhr nach Österreich für die Messinglinienfabrikation, Chrompapierfabrikation und Papierfabrikation überhaupt.

Die Maschinenfabrikanten im Rheinland, in Westfalen und Chemnitz beklagen den Exportverlust in Werkzeugmaschinen, Zwirnereimaschinen, von Schrauben und Muttern. Ganz besonders scheint inhaltlich des Breslauer Berichtes die schlesische Maschinenfabrikation getroffen zu sein. Breslauer Fabriken sollen bereits gezwungen gewesen sein, hinsichtlich der Fabrikation von Maschinenteilen, die den Zoll nach Österreich nicht mehr vertragen, Vereinbarungen mit Wiener Fabriken einzugehn.

Die Erklärung des Seidenausschusses der Krefelder Handelskammer und der Vertreter der Seidengewerbe von Elberfeld, Langenberg und Bielefeld vom 6. Februar 1905 betont die große Divergenz zwischen den deutschen Seidenwarenzöllen und denen in Österreich, welche z. B. für gemusterte, farbige Ganzseidengewebe und für glatte, schwarze Ganzseidenwaren um das 2—2½ fache sich höher stellen, während die österreichisch-böhmischen Arbeitslöhne um ein Drittel bis zur Hälfte hinter den deutschen zurückstehn.

Die Erschwerung des Exportes der gesamten Chromolitographie und hiermit die mittelbare Schädigung der deutschen Kunst, an welche dieses Gewerbe jährlich bedeutende Summen für Erwerbung von Originalen und Verlagsrechten bezahlt, beklagen insbesondre die Berichte von Frankfurt und Breslau (1905).

Nicht wenig scheint die Möbelfabrikation, die süddeutsche Metallwarenindustrie, die elektrotechnische Industrie (Münchener und Stuttgarter Bericht) in Mitleidenschaft gezogen zu sein, die Farbenindustrie, speziell die Teerfarbenindustrie (Düsseldorfer, Wiesbadener und Frankfurter a. M. Bericht 1905), die Staniol-, Kapsel- und Munitionsfabriken (Stuttgarter und Wiesbadener Bericht 1905) usw.

Angesichts dieser Stimmung in den deutschen Industrien, angesichts der Industrialisierungsbestrebungen Ungarns und der Rücksichten, welche die deutsche Handelspolitik auf andre Agrarstaaten nehmen muß, ist der von gewisser ungarischer Seite immer wieder ausgesprochnen Auffassung, daß ein selbständiges Ungarn einen viel günstigern Handelsvertrag mit Deutschland finden könnte, entschieden zu widersprechen.

Ganz und gar unbegründet erscheint uns die Anschauung, daß Deutschland an der Zollunion Österreich-Ungarns, „worin Ungarn gegen die Nachteile erfolglos kämpfe, das größte Interesse habe, da die Grundbedingung der deutschen Expansionspolitik ein schwaches niedergebundnes Ungarn sei, mit dessen Verkehrsadern Deutschland Ungarn Schritt auf Tritt vom Balkan verdränge".

Je größer vielmehr die wirtschaftliche Blüte Ungarns, je größer ist auch der gegenseitige Güteraustausch zwischen Deutschland und Ungarn, je wertvoller auch Ungarn als Glied des Allianzverhältnisses, da alle äußre Machtstellung auf die Dauer nur einen sichern Halt hat an der Gesundheit des Wirtschaftslebens.

Die Expansion der deutschen Arbeit mußte sich vollziehn, unbeeinflußt von der jeweiligen Machtstellung Ungarns, weil seit seinem großen wirtschaftlichen Aufschwunge Deutschland als einer der besten Abnehmer der Rohprodukte der Balkanstaaten erschien, die sich ihrerseits der deutschen Arbeit erschlossen, welche ungehemmt von heimatlichen parteipolitischen Wirren sich ausbreiten konnte, nachweislich gefördert durch die Entwicklung des Seeverkehrs und durch zollpolitische Verstimmungen zwischen Österreich-Ungarn und den Balkanstaaten.

Schreitet nicht auch Italien auf den Balkanmärkten unaufhaltsam vorwärts, ganz unabhängig von Ungarns Verkehrswegen?

Sollte also in absehbarer Zeit Deutschland in die Lage kommen, mit einem selbständigen Zollgebiet Ungarn zu verhandeln und letzteres hierbei den Wert der Benutzung der ungarischen Verkehrsadern besonders in Rechnung stellen, so wird sich auch Deutschlands Handelspolitik zu erinnern wissen, welchen materiellen Wert Deutschland nicht nur als Absatzmarkt, sondern auch als Durchfuhrgebiet und politische Rückendeckung alle Zeit auch für Ungarn gehabt hat und nach menschlicher Voraussicht immer haben wird.

Wenn nach allem keine Entscheidung über die Zolltrennung Österreich-Ungarns und ihre Rückwirkungen auf Deutschland gefällt werden konnte, so läßt die objektive wissenschaftliche Untersuchung doch ein Gesamturteil in Umrissen dahin zusammenfassen:

Mögen auch die Meinungen über Reglung der Verzehrungssteuern, Art der Verwendung der Zölle und Aufbringung finanzieller Mittel für große Staatsnotwendigkeiten auseinandergehn — in allen Staatsgemeinschaften und Staatenbündnissen standen und stehn ähnliche gegensätzliche Auffassungen im Kampf —, so ist die Frage der Zolltrennung großer geographischer und politisch zusammengehöriger Staaten zu beantworten nicht nach politischen Parteimeinungen, nicht nach einseitigen geschäftlichen Interessen, sondern nach den Rücksichten auf die gesamte Volkswirtschaft, im Rahmen der internationalen Handelspolitik, als logische Konsequenz weltwirtschaftlicher und weltpolitischer Verhältnisse.

Alle maßgebenden Wirtschaftspolitiker Österreichs wie Ungarns haben bisher die Bedeutung der zollpolitischen Zusammengehörigkeit bewertet im Zusammenhang mit der Weltwirtschaft.

Nirgends wird der Wert von dem wirtschaftlichen Ineinanderwachsen der großen Nachbarmonarchie besser eingeschätzt werden als in dem alliierten Deutschland mit seinen großen nachbarlichen und weltwirtschaftlichen Interessen, denen sich diejenigen Österreichs und Ungarns immer mehr an die Seite stellen.

Auch im deutschen Interesse kann nur bringend gewünscht werden, daß das zoll- und handelspolitische Verhältnis Österreichs und Ungarns nicht ohne genügende Rücksicht auf die nachbarlichen

Handelsbeziehungen und die Solidarität weltwirtschaftlicher Interessen auf eine Grundlage gestellt wird, welche dauernden handelspolitischen Frieden verbürgt.

In Deutschland wird man sich schwer an den Gedanken gewöhnen können, daß diese Bürgschaft auf die Dauer in andrer Form gewonnen wird, als durch die Fortentwicklung der auf unkündbarer Gemeinsamkeit des Zollgebietes gegründeten Handels- und Machtpolitik.

Die Lehren der Geschichte des deutschen Zollvereins können zwar nur mit Einschränkung auf den Zollbund Österreich-Ungarns Platz greifen, da weder beide Staaten zusammen noch beide für sich jemals die Entwicklung zu einem geschlossnen Nationalstaat durchmachen werden.

Die Geschichte des deutschen Zollvereins wie des schwedisch-norwegischen Zollbundes und des Zollvereins der Vereinigten Staaten geben aber die zwingende Lehre an die Hand, daß es für geographisch und politisch zusammengehörige selbständige Staaten im Zeitalter des Weltverkehrs nur zweierlei gibt: Ein einheitliches Zollgebiet oder keins, aber kein Zollgebiet auf Kündigung, und daß ein Zollverein souveräner Staaten auf die Dauer nur blühn kann bei der durch den souveränen Gedanken sanktionierten Unterordnung unter die Majorität der wirtschaftlichen Interessen.

Printed by Libri Plureos GmbH
in Hamburg, Germany